W0206345

Cet enfant
qui n'écoute jamais

Jean-Luc Aubert

Cet enfant qui n'écoute jamais

Albin Michel

Collection « Questions de parents »
dirigée par Mahaut-Mathilde Nobécourt

À Didier-Laurent et Ève-Pauline qui m'ont toujours très bien écouté... à défaut de m'avoir toujours obéi.

Introduction

Être parent, c'est évidemment, d'abord, un grand plaisir, une grande joie. Mais pas seulement : des inquiétudes aussi, beaucoup de questions, quelques exaspérations. C'est parfois même de la colère. En particulier quand il faut répéter à ses enfants cent fois la même chose sans qu'on ait l'impression d'être entendu.

Quel parent n'a pas été confronté, à un moment ou à un autre, à cette question de l'écoute de son enfant ? Ma pratique de psychologue, et celle des confrères avec lesquels j'échange, nous obligent à reconnaître que la plainte qui l'accompagne fait partie des cinq ou six symptômes majeurs récurrents : il ne se passe pas un jour sans que les professionnels que nous sommes l'entendent, à plusieurs reprises.

Aussi, lorsque j'ai évoqué autour de moi le projet d'écrire ce livre sur l'écoute de l'enfant, les réactions ont-elles été nombreuses et, parfois, surprenantes : selon les interlocuteurs, les préoccupations étaient très différentes.

Écouter : obéir, retenir ?

□ Pour les parents

Pour un parent, un enfant qui n'écoute pas, c'est, presque toujours, un enfant qui n'obéit pas, comme si l'obéissance était une conséquence directe de l'écoute.

La plainte s'accompagne parfois d'un global : « Il ne fait attention à rien », ou d'un : « Ça rentre par une oreille et ça ressort par l'autre », mais, plus souvent, d'une remarque restrictive : « Il ne m'écoute pas... mais il écoute son père [ou sa mère] », quelquefois formulée : « Quand son père [ou sa mère] lui dit quelque chose, alors là !... »

Cette plainte vient davantage des mères. Il faut dire que peu de pères viennent consulter. Pourquoi ? L'éducation de l'enfant reste encore, malgré tout, une préoccupation maternelle. Ce sont elles, les mères, qui viennent en majorité me parler de leur fils ou de leur fille. Les nouveaux pères sont là, certes, mais, dans la réalité quotidienne, ils restent majoritairement très discrets – trop, sans doute – jusqu'à l'adolescence en tout cas où la plainte se fait conjointe, le « Il (elle) ne m'écoute pas » devenant alors plus généralement : « Il (elle) n'écoute plus ! » ou, dans le meilleur des cas : « Il (elle) écoute moins ! »

Cette difficulté des mères à se faire entendre pose cependant quelques questions : la relation maternelle, privilégiée dans l'enfance, ne se révèle-t-elle pas aussi, paradoxalement, plus difficile à gérer que la relation paternelle ? Pourquoi ? Existerait-il une autorité paternelle « naturelle » ?

Quoi qu'il en soit, la plainte de l'écoute défectueuse voire inexistante est une plainte réelle. Elle est ou peut se révéler très pénalisante dans la relation à l'enfant ou dans la relation familiale. Lorsqu'elle vient à être formulée, seule ou au milieu d'autres inquiétudes, elle est un véritable appel au secours, celui du parent qui « n'y arrive plus » ou qui « n'en peut plus ».

Derrière cette plainte, il y a souvent des interrogations : Pourquoi ne m'écoute-t-il pas, moi... et écoute-t-il, en revanche, son père (ou sa mère) ? Pourquoi en ce moment ? Et, de manière plus urgente encore : Que faire ? Peut-on y changer quelque chose ? Comment instaurer ou comment restaurer cette écoute ? Combien de temps cela prendra-t-il ?

Et derrière ces questions implicites, d'autres encore se posent, qui interpellent cette fois directement les professionnels : Écouter ou entendre ? Parle-t-on du même sujet ? L'absence d'écoute peut-elle être considérée comme un symptôme ? L'absence (ou la présence) de cette spécificité peut-elle être le précurseur de fragilités ou de forces à venir ? Lesquelles ? Dans l'évolution de l'enfant, y a-t-il des stades plus sensibles ?

Ce qui est certain, c'est qu'il n'est pas possible au psychologue de répondre à ces questions sans les replacer dans un contexte, dans une histoire et une dynamique spécifiques à chacun. Il faut commencer par différencier les phénomènes transitoires, peu préoccupants quant au pronostic, des constantes de la personnalité, qui le sont davantage. Dans le premier cas, on est certainement face à un incident réactionnel qui s'apaisera dès que les éléments déclencheurs auront été mis au jour. Dans le deuxième, l'amélioration de la situation, si elle n'est pas impossible, demande beaucoup d'énergie et, en général, une mobilisation active de tous les partenaires : l'enfant, bien sûr, ses parents, mais aussi le thérapeute et, parfois, le ou les enseignants.

□ Pour les enseignants

Lorsque j'ai évoqué mon projet d'écrire sur l'écoute avec des enseignants cette fois, je n'ai pas été surpris de voir qu'ils ne donnaient pas la même résonance à la remarque « Il n'écoute pas » ou « Il ne m'écoute pas ». Pour le pédagogue, une « bonne » écoute se traduit par le fait de bien mémoriser, de bien « retenir ». Pour lui, l'indicateur d'une bonne écoute est essentiellement une restitution correcte du message proposé. La formule « Il n'écoute pas en classe » est souvent suivie d'un : « C'est pour ça qu'il ne retient rien. »

Pour désigner la même chose, le professeur peut être, parfois, plus métaphorique : « Il est souvent dans la lune », « Il est rêveur », « Il a la tête ailleurs »... Pour autant, le problème est le même.

Et les questions demeurent : Pourquoi n'écoute-t-il pas ? Est-ce momentané ou est-ce une difficulté qui perdure ? Que peut-on faire pour l'aider ? D'autant que, parfois, on observe en classe le cas particulier de ces enfants dont on remarque qu'ils « n'écoutent pas » mais qu'ils « enregistrent » malgré tout ce qui est dit. N'écoutent-ils pas vraiment ? En donnent-ils seulement l'impression ? Et, si oui, pourquoi ?

Cette situation, quand elle est plus sensible à l'école, peut devenir source de conflits avec la famille : Pourquoi ce maître n'arrive-t-il pas à se faire entendre, alors que cet autre y parvient parfaitement ? Pourquoi ce problème n'existait-il pas l'année dernière ? Là encore, y aurait-il, chez certains, une autorité « naturelle » qui ne se retrouverait pas chez d'autres ?

Le défaut d'écoute de l'enfant devient un problème complexe lorsqu'il se retrouve d'année en année. D'abord, parce qu'on imagine facilement ses effets sur les performances scolaires avec, dans les cas les plus aigus, des conséquences très fâcheuses. Ensuite, parce qu'il met l'enfant dans une situation relationnelle délicate vis-à-vis du ou des enseignants qu'il rencontre... et, parfois, vis-à-vis de ses propres parents.

On verra, dans les pages qui suivent, qu'il est possible de

prévenir cette situation. On verra quels sont les signaux d'alerte à prendre en compte. On verra aussi ce que l'on peut faire lorsque les troubles sont avérés.

Écouter : entendre ?

La diversité des réactions, quand il s'agit d'écoute, montre l'intérêt de commencer par une analyse sémantique du terme : quels sont les sens que recouvre le mot « écouter » ?

Écouter, nous apprend le dictionnaire encyclopédique Hachette, c'est : « prêter l'oreille pour entendre », et, en second lieu : « prêter attention à l'avis de (quelqu'un), suivre (un avis)[1] ». Le Larousse suggère, lui, une troisième définition possible : « se dit pour attirer l'attention de quelqu'un, pour entraîner son assentiment », et propose comme illustration : « Écoute, tu vas faire ce que je te dis[2]... » – certains auteurs de dictionnaire seraient-ils, aussi, des parents personnellement sensibles au problème ?

Ce qui est établi par ces définitions, c'est d'abord le lien communément perçu entre écouter et entendre : il paraît a priori impossible d'écouter sans entendre, mais il faut souvent aussi savoir écouter pour entendre – et pour « s'entendre » avec quelqu'un. La pratique de la psychologie nous amène à privilégier la différence : entendre, au sens physiologique, ne demande pas de participation active ; alors qu'écouter réclame, dans tous les cas, une véritable implication et suggère, la plupart du temps, une action subséquente : obéir ou mémoriser.

Cette différence est a priori facile à saisir : il y a par exemple une nette nuance de sens entre « entendre de la musi-

1. *Dictionnaire encyclopédique*, Hachette, 1980.
2. *Larousse de la langue française*, 1977.

que » et « écouter de la musique ». Dans le premier cas, la musique s'impose à moi, mon attitude est passive ; dans le second, elle est active : je suis attentif à la mélodie, aux instruments, à l'émotion qu'elle procure, etc.

Écouter ne dépasse-t-il pas d'ailleurs la simple acception auditive ? Que signifie plus précisément « être à l'écoute de l'autre » : s'agit-il de n'être sensible qu'à ses seuls propos ? Cela ne prend-il pas en compte, également, d'autres signaux ? Si l'on songe par exemple au cas des enfants sourds ou malentendants, on prend conscience d'une autre forme d'écoute, d'une autre forme d'échange. Écouter peut parfois signifier aller au-delà de ce qu'on entend, au-delà des mots.

Parvenir à s'entendre

Quoi qu'il en soit, les parents qui viennent consulter parce que leur enfant « n'écoute rien », ou qu'« il faut lui répéter cent fois la même chose », témoignent de préoccupations réelles et pas toujours immédiates : **l'enfant qui n'écoute pas est difficile à gérer ici et maintenant, mais l'inquiétude concerne aussi souvent son avenir. Que va-t-il se passer si cela perdure ? Comment va-t-il s'intégrer dans la société ?** Dans cette société qui, si elle ne met pas le doigt sur l'écoute, est exigeante quant à l'obéissance et au respect des règles ? Alors que le parent peut être patient et relativement tolérant lorsqu'il s'agit de son enfant, la société, elle, se montre à l'évidence moins compréhensive.

Il faut traiter à part le problème de l'écoute de l'adolescent. Pourquoi ? Parce que cet adolescent peut avoir été jusque-là un enfant très docile, et que ce retournement de situation est particulièrement difficile à vivre pour les parents. Mais aussi parce que cette « non-écoute » n'est pas forcément passive : elle peut se traduire par de l'opposition, de la révolte, de l'agression ; elle est souvent source de conflits, parfois très violents, laissant les parents particulièrement décontenancés. Enfin, parce que ses conséquences peuvent peser plus lourdement sur son avenir.

Pourtant, la situation peut notablement s'améliorer, le dialogue peut être renoué. Certaines fois, l'avis ponctuel d'un spécialiste suffira quand il s'agira de remédier à des troubles réactionnels faciles à résoudre au sein de la famille. Quand les troubles se révèlent très pénalisants, que ce soit à la maison ou à l'école, quand ils deviennent préoccupants, une évolution favorable est tout à fait possible, à deux conditions toutefois :

– savoir être patient, car les blocages qui se sont installés peuvent avoir mis des années à se cristalliser et ne peuvent disparaître en quelques jours ;

– se mobiliser fortement autour de l'enfant ou de l'adolescent et ne pas se laisser décourager, même dans les moments de colère ou d'agressivité.

A contrario, l'impatience et le désinvestissement de l'entourage sont des éléments de pronostic défavorable.

Cet ouvrage est donc d'abord écrit pour tous les parents confrontés à des degrés divers à ce problème chronique ou transitoire et qui se posent des questions à ce sujet, qui souhaitent savoir comment s'y prendre pour échapper à cette situation. Il s'adresse aussi aux enseignants qui sont soucieux de faire passer ce qu'ils ont à transmettre, soucieux d'être entendus par tous leurs élèves. Car, parent ou éducateur, chacun de nous s'est un jour trouvé confronté à ce problème de l'écoute.

1

Petits constats du quotidien

C'est souvent dès le matin que cela commence. « Debout, il est l'heure ! » ne pose, en général, pas trop de problèmes... en tout cas chez le petit enfant (l'incitation au coucher est autrement plus délicate). Non, le lever ne pose pas de problème. Les premiers « symptômes » se manifestent plutôt au moment de l'habillage, du brossage des dents, de la toilette en général... C'est à ce moment-là qu'il faut lui « répéter cent fois la même chose... ».

Mais quand cela a-t-il démarré au juste ?

Bienheureux bébé ?

Peu de parents se plaignent du fait que leur bébé ne les écoute pas et ce pour les raisons que l'on a déjà évoquées : le bébé n'a pas à faire preuve d'obéissance.

Pourtant, le bébé entend et écoute : c'est désormais une évidence pour tous, maintes fois démontrée par les neurosciences. In utero, déjà, il perçoit des sons :

Ève est un bébé charmant : calme, agréable, facile à vivre. Certes, il y a bien, ici et là, quelques moments un peu plus difficiles mais rien que de très banal, de très ordinaire. Aucun souci. Les parents

sont heureux, les éducatrices qui s'occupent d'elle à la crèche, aussi ; elles ont remarqué, en particulier, qu'elle « ne pleure pas pour un rien... ». Ce qui est vrai : elle n'est pas peureuse, pas angoissée et, lorsqu'elle pleure, c'est pour exprimer un « vrai » besoin, une « réelle » inquiétude.
Mais justement, il existe deux situations, pourtant anodines en apparence, qui la font immanquablement réagir en pleurant : lorsque la sonnette de la maison retentit et lorsqu'elle entend l'avertisseur de la voiture parentale. Dans ces deux cas, il n'y a pourtant pas de danger : ce sont des scènes de la vie ordinaire. Pourquoi, alors, Ève pleure-t-elle ?
Eh bien tout simplement parce que ce type de bruit faisait réagir sa mère quand elle attendait Ève. Elle les percevait comme une agression dans un environnement sonore plutôt calme.
In utero, Ève percevait déjà les réactions maternelles : le léger stress que sa mère ressentait à ces instants précis devenait le sien. Et dès avant sa naissance, une sensation désagréable était donc associée à l'audition d'un son qu'elle percevait déjà puisque c'est ce même son qui, aujourd'hui, déclenche ses pleurs. In utero, Ève entendait.

Il a suffi de quelques mois pour que tout rentre dans l'ordre : le temps qu'Ève refasse personnellement l'expérience de ces événements. Peu à peu – et parce qu'elle était chaque fois rassurée par ses parents –, elle a compris que ni le tintement de la sonnette ni le son du klaxon n'étaient dangereux, qu'ils n'étaient pas suivis d'un effet nocif. Progressivement, elle a cessé de pleurer à ces moments-là.

Ce que nous démontre cet exemple, c'est donc que, in utero, bébé entend. La recherche s'est d'ailleurs penchée sur ce point dans les dernières décennies du XXe siècle. L'une des expériences les plus fameuses a été réalisée par Jean Feijoo [1] : elle a consisté à faire écouter des extraits bien spécifiques de *Pierre et le loup* à de futures mamans... Un

1. *Les Cahiers du nouveau-né*, 5, « L'aube des sens », Stock, 1991.

an après la naissance de leurs bébés, les enfants, stimulés in utero, ont été retestés : « J'ai attendu qu'un élément de stress intervienne (linge souillé, faim, chute, besoin de dormir non assouvi) et je leur ai alors fait entendre un certain nombre de phrases mélodiques diverses en faisant intervenir, à un moment donné, le basson de *Pierre et le loup.* Six fois sur sept, le basson de *Pierre et le loup* a calmé des pleurs que d'autres stimulations sonores n'avaient pu tarir », explique le scientifique.

Un deuxième exemple, plutôt amusant, nous amènera empiriquement au même constat :

> Céline est encore dans le ventre de sa maman. Ses parents se réjouissent de sa venue comme ils se sont réjouis de l'arrivée des cinq frères et sœurs précédents. Et, comme à chaque fois, ils font des projets, imaginent, font des hypothèses plus ou moins floues, plus ou moins idéalisées sur cette petite fille à venir.
> « Elle aimera la musique ! » disent-ils. Pourquoi ? Parce que lorsqu'elle entend sa grande sœur jouer du violon, elle s'agite beaucoup dans le ventre maternel. À chaque fois que l'aînée exécute quelques accords, bébé fait preuve, in utero, de beaucoup de dynamisme.
> Céline naît mais, las ! la première fois qu'elle (ré) entend sa sœur jouer, elle se met à... pleurer. Ce que ses parents avaient interprété comme l'expression d'une grande satisfaction n'était donc en fait que l'expression d'une grande... insatisfaction. Mais cela les fait rire car, ils doivent le reconnaître, les qualités artistiques de l'aînée ne sont pas encore très affirmées...
> Somme toute, peut-être ne se sont-ils pas trompés : n'est-ce pas parce que sa sœur jouait mal (ou faux) que Céline protestait ? Et si c'était là les prémices d'une future vraie et grande musicienne ?

Donc, le fœtus entend. À partir de quel « âge » ? Feijoo le situe entre la 22e et la 27e semaine, mais n'exclut pas l'hypothèse qu'il soit encore plus précoce.

L'installation de la relation

De ces exemples, nous pouvons aussi retenir que le bébé en devenir ressent les émotions, les stimuli perçus par sa mère.

Au vrai, c'est ce qui nous intéresse ici : notre futur bébé ressent les émotions de sa maman et, au-delà, celles de son entourage. D'une certaine façon, dans la mesure où la relation s'engage à travers l'attention qu'on lui porte, se tissent là les premiers liens dont on sait qu'ils sont essentiels pour son avenir. Toutes les paroles dites, les projets élaborés, les précautions prises autour du bébé à venir façonnent un environnement dans lequel il est déjà pris en compte. Sans qu'il dise quoi que ce soit, sans même qu'il soit là, visible au quotidien, on fait déjà attention à lui.

Non seulement il nous écoute, mais on est, dès les premiers instants, à son écoute. La relation est installée.

Que les choses cependant soient à ce propos bien claires : inutile pour les parents de culpabiliser s'ils estiment ne pas avoir porté assez d'attention au fœtus avant la naissance. Il n'y a pas qu'une façon de faire pour susciter l'écoute de son enfant, il n'y a pas qu'un seul chemin pour y parvenir, mais une multitude de sentiers propres à chacun et à son ou ses histoires. Aussi le propos n'est-il pas ici de dire : cela doit se passer ainsi et pas autrement. La façon de « penser son enfant » peut être multiple et se traduire de différentes manières... Qu'en est-il de la mère qui, pour des raisons diverses (maladie, préoccupations personnelles ou familiales), n'a pu le faire ? Même si l'enfant n'a pas été « pensé » fréquemment, il l'a forcément été ponctuellement, a minima, et il n'est jamais trop tard pour lui dire : « Tu sais, quand tu étais dans mon ventre, j'avais de gros soucis, j'étais préoccupée par telle chose... J'étais contente que tu viennes mais j'étais tellement malade (ou chagrinée, ou...) qu'à ce moment-là je pensais peu à toi... mais quand tu es né(e), quelle joie pour moi ! » On peut faire l'hypothèse que de tels propos, évoqués lorsque la situation le permettra ou se présentera, permettront de retisser, de resserrer des liens quelque peu distendus au départ...

La culpabilité parentale est inévitable. Mais elle n'est pas justifiée. Tout parent fait ce qu'il peut et non ce qu'il veut. Tous les parents que je rencontre dans mon cabinet souhaitent les meilleures choses présentes et à venir pour leur enfant : lorsqu'ils viennent se plaindre de lui, c'est d'une plainte chargée d'espoir qu'il s'agit, d'espoir pour lui avant tout. L'éducation est faite de tâtonnements, d'improvisations, de réflexions. Elle est faite de moments de calme, d'apaisement, de sourires, de rires... Mais elle est faite, aussi, de tensions, d'énervement, de colères : ce sont des dérapages banals dans toute relation humaine. On retrouve souvent, en psychologie, les termes de « globalement » et « suffisamment ». Pourquoi ? Parce qu'une relation « globalement » satisfaisante n'est pas exempte de conflits ; ce n'est que lorsque ceux-ci sont très fréquents et/ou trop intensifs qu'ils deviennent préoccupants. Le terme « suffisamment » est emprunté au psychiatre anglais Donald Woods Winnicott, l'un des pionniers de l'étude de la psyché infantile. Il a créé le concept de mère « suffisamment bonne », pour décrire une mère ni totalement parfaite ni totalement imparfaite, qui répondrait souvent aux besoins du tout-petit mais ne le pourrait pas systématiquement du fait de ses propres contraintes quotidiennes. Il a montré que l'« entraînement » à l'attente ou à la renonciation qu'impliquent ces attitudes est bénéfique à l'enfant dans la mesure où son existence présente et future, c'est, ce sera aussi cela.

Ce qu'il écoute et ce qu'il n'écoute pas

Au fil de la journée, les occasions de répéter cent fois la même chose se multiplient. Tel parent parlera de sa difficulté à le (la) faire manger ; tel autre insistera sur la réticence à faire ses devoirs ; un troisième se désolera de jouets jamais rangés ; un quatrième évoquera le moment du « Maintenant, tu vas te coucher ! » qui suscite bien souvent des pleurs et des grincements de dents...

Cependant, si on pose la question : « N'écoute-t-il vraiment jamais rien ? », à peu près tous répondent : « Oh, si ! Il suffit de lui parler ou de lui présenter quelque chose qui l'intéresse ! Si vous lui proposez : "Tu viens, on va à la fête foraine ?", là, il ne faut pas le lui dire deux fois... »

Voilà qui est rassurant quant à l'audition du non-écoutant...

Premier constat global : il est peu de parents qui échappent à ce phénomène. Lorsque je fais des conférences où il est question d'éducation, presque toujours, à un moment ou à un autre, surgissent une ou plusieurs questions sur l'écoute... Et toujours elles suscitent le même intérêt dans la salle, les mêmes regards entendus et sourires de connivence.

Deuxième constat : il y a des tranches d'âges plus sensibles que d'autres. La période qui va de 1 à 7 ans serait apparemment beaucoup plus difficile. Les 7-10 ans seraient, quant à eux, plus « sages ». À partir de 11-12 ans surgissent de nouveaux problèmes d'obéissance. Il peut exister, ici et là, bien sûr, des exceptions.

Troisième constat : le « il ne m'écoute pas » se substitue en fait souvent au « il ne m'obéit pas ». Cette substitution n'est pas anodine, et son interprétation nous éclairera à la fois sur les causes possibles et les approches éventuelles.

Quatrième constat : la non-écoute est toujours, peu ou prou, liée à une tâche déplaisante ou considérée comme telle par l'enfant. La sollicitation en vue d'un objectif agréable ne suscite pas du tout les mêmes résistances...

Pourquoi n'écoute-t-il pas ?

Imaginez ceci : vous êtes confortablement installé(e) dans votre voiture, roulant tranquillement, sans souci particulier. Un feu rouge se présente : vous vous arrêtez. Vous le faites pour deux raisons : la première est que vous obéissez à un règlement défini par le code de la route, dont le non-respect peut être sanctionné ; la deuxième est que vous savez que ce respect est garant de votre sécurité. Votre réflexe est lié à une loi intériorisée, loi dont vous avez compris les bénéfices car vous êtes adulte. La contrainte de l'arrêt a été acceptée par la crainte de la sanction et aussi par la compréhension intellectuelle de son utilité.

Voilà pourquoi il n'est pas facile pour l'enfant d'obéir. Certes, la « peur du gendarme » est déterminante dans l'acceptation de la contrainte : c'est le mécanisme primitif de l'obéissance. Mais la compréhension de la règle, de sa nécessité et de ses effets positifs procède de mécanismes plus élaborés intellectuellement et culturellement auxquels l'enfant n'a pas encore accédé.

Revenons, pour le comprendre, à notre exemple. Que s'est-il passé quand vous êtes arrivé(e) devant le feu rouge ? Vous êtes passé(e) du principe de plaisir immédiat (je roule tranquillement, confortablement, à mon rythme) au principe de réalité (le feu m'oblige à m'arrêter, donc à perdre du temps, etc.). Les effets bénéfiques de cette contrainte n'apparaissent qu'après : c'est le « principe de plaisir différé », qu'on pourrait appeler aussi « principe de plaisir secondaire ». Ce plaisir n'apparaîtra ici qu'après, au moment où vous pourrez passer au vert en toute sécurité...

L'enfant qui n'écoute pas n'accepte pas la contrainte de l'ordre ou de la demande car il reste dans le principe de plaisir immédiat et n'accède pas encore au principe de plaisir différé (ou secondaire)...

Ce que nous lui demandons, c'est pourtant « pour son bien ». C'est pour lui permettre d'évoluer, maintenant et plus tard, avec plus de sécurité ; c'est aussi lui donner les clés d'un code social dont il a besoin. Combien de temps va-t-il donc lui falloir pour le comprendre, l'accepter ? Comment nous-mêmes adultes avons-nous intégré cette notion ? Une grande partie du problème du savoir écouter se trouve là.

2
L'apprentissage du plaisir différé

Je me souviens d'une maman qui s'étonnait et s'agaçait de ne pas voir ses enfants obéir... « À chaque fois, c'est pareil, me disait-elle, il faut leur répéter dix fois la même chose et, parfois, sévir... » Elle ajoutait : « Je comprends que ça les embête lorsqu'ils jouent mais c'est la même chose quand ils ne font rien !... » Je crois lui avoir suggéré alors que « ne rien faire » pouvait être pour un enfant une source de grand plaisir.

Écouter et son corollaire, obéir, impliquent une frustration pour l'enfant : il joue (ou il ne fait rien) et il faut passer à une étape moins amusante. Son attitude première est de ne pas y souscrire. Pourquoi ?

Après, demain, plus tard : des notions à vivre

La psychologie de l'enfant est à la fois très simple et très complexe. Parmi les concepts qui la caractérisent, il en est un qu'il est très important de retenir pour les parents et les éducateurs.

Psychiquement, le tout-petit et le petit fonctionnent dans l'ici et maintenant. N'a de valeur et d'intérêt à leurs yeux et à leurs sens tout entiers que ce qui se passe à l'instant même. Ils n'ont pas la capacité d'anticiper. Cette capacité, cette aptitude, n'est pas innée, elle est apprise, elle se doit d'être vécue pour être intériorisée. Elle ne s'acquiert que peu à peu : on peut considérer que, si tout se passe bien, vers 6, 7, 8 ans, elle est (à peu près) en place.

Un symptôme objectif permet d'évaluer sa présence : le fait que l'enfant soit capable de se repérer dans le temps. Vers 5-6 ans, il est à même de dire quel jour on est, quel jour on sera demain. Ce n'est pas qu'une compétence intellectuelle : c'est surtout l'indicateur psychique qu'il prend conscience de lui et de son positionnement par rapport au temps qui passe. Il prend conscience d'un présent mais aussi d'un passé et d'un futur.

On imagine quelle avancée représente cette acquisition ! En ce qui concerne notre propos, il éprouve toujours et il continuera d'éprouver des plaisirs immédiats mais il peut désormais davantage accepter l'idée d'un plaisir différé, d'un plaisir secondaire.

Que les parents de petits enfants cependant ne s'inquiètent pas : il ne leur faut pas forcément attendre que leur enfant ait 6, 7 ou 8 ans pour qu'enfin il leur obéisse... Cette aptitude se met en place progressivement et, très jeune parfois, il accepte déjà peu à peu de souscrire à la demande parentale. En revanche, la venue de l'« âge de raison » ne résout pas tous les problèmes : l'accession globale à une aptitude ne rend pas certaine son acquisition...

En tout cas, le fait de ne pas intégrer cette « notion » d'anticipation peut se révéler extrêmement pénalisant à différents degrés. C'est cette acquisition qui va permettre à l'enfant d'attendre, consciemment et inconsciemment. Dans le cadre de l'école en particulier, cela va lui permettre d'apprendre. Pourquoi ? Parce qu'apprendre est frustrant : cette frustration ne peut être acceptée que si l'on « sait » qu'il y a un après. Pourquoi acceptons-nous la contrainte de l'apprentissage, celle du code de la route, par exemple ?

Parce que nous savons qu'après il nous permettra de conduire nous-mêmes une voiture.

Notons, pour affiner davantage notre analyse, que le principe de plaisir différé s'ajoute, dans l'apprentissage, au principe de plaisir immédiat. Cela, nous le savons par expérience, mais pas l'enfant : c'est l'un de ses acquis importants des premières années.

La conscience de l'autre

Un autre aspect du psychisme de l'enfant doit être pris en compte : il n'a pas conscience de l'autre en tant qu'individu avec ses besoins propres. L'autre est là, bien sûr – c'est la mère, le père, les frères et sœurs, etc. –, mais il n'est là que par rapport à lui : pour subvenir à ses besoins, l'aider ou, parfois au contraire, dans le cas de ses frères et sœurs ou de ses pairs à l'école maternelle, pour l'empêcher de jouer tranquillement... D'où certaines insatisfactions exprimées par les pleurs du tout-petit vis-à-vis de son ou ses parents, d'où les « accrochages » auxquels on peut assister à la crèche avec ceux ou celles qui l'empêchent d'accéder à son plaisir immédiat.

Pour le petit, la prise de conscience, le ressenti inconscient, que l'autre a une existence propre avec des besoins spécifiques ne se fait que progressivement. Il est centré sur lui et essentiellement sur lui.

Est-il égoïste ? Certainement pas, si l'on donne à cet adjectif une connotation morale. Il l'est comme le sont, l'ont été et le seront tous les bébés. On peut même affirmer que c'est heureux qu'il soit comme cela car c'est cette attitude, cette pulsion de vie, qui lui permet de vivre, qui a permis à l'homme, sur le plan phylogénétique, de survivre.

Il est vrai qu'à la crèche, on observe parfois des attitudes consolatrices chez certains enfants vis-à-vis d'autres : qu'en penser ? On peut faire l'hypothèse que l'expression manifeste de la détresse (les pleurs, le plus souvent) éveille davantage un sentiment consolateur qu'elle ne suscite compassion et/ou empathie. La différence se situe dans l'appréhension du phénomène : la compassion et l'empathie présupposent la capacité de se mettre à la place de l'autre, de son ressenti. Consoler, chez l'enfant, relèverait davantage du mouvement réflexe que d'une réelle mesure de la souffrance d'autrui.

Le tout-petit puis le petit enfant ne prennent donc conscience de l'autre que très progressivement, les étapes ne se franchissent pas du jour au lendemain. À l'extrême, certains enfants ne prennent jamais (ou très peu, trop peu pour une vie sociale) conscience de l'autre et de la nécessité de prendre en compte ses besoins propres[1]. Par ailleurs, la mise en place de cette notion n'exclut pas les dérapages ponctuels, qu'ils soient individuels ou collectifs, l'Histoire, qu'elle soit contemporaine ou passée, nous en donne beaucoup d'exemples.

Pour en revenir à notre propos, **la capacité d'anticiper et celle de se mettre à la place de l'autre, de ses besoins, de ses demandes, sont des atouts nécessaires à une écoute satisfaisante de l'enfant**. Tant qu'elles ne seront pas suffisamment solides, il aura du mal à écouter et, plus encore, à obéir.

Lui apprendre à anticiper

Lorsque, le soir au moment de dormir, vous dites à votre bébé : « Dors bien, mon bébé, à demain matin », vous faites,

1. En psychiatrie, les personnalités psychopathiques seraient les représentants extrêmes de ce qui est décrit ici : en effet, le psychopathe semble, dans ses comportements, n'avoir aucune conscience de l'autre. Tout se passe comme s'il était seul au monde et agissait ou réagissait en fonction de ses seules pulsions.

dès ses premières semaines, une démarche consciente sur sa capacité à anticiper.

Lorsque, un peu plus tard, vous le laissez le matin à la crèche en le prévenant : « C'est moi [ou papa] qui viendrai te chercher cet après-midi », vous faites une démarche similaire...

Dans les deux cas, l'enfant fait une expérience inconsciente positive de l'anticipation. Positive parce qu'à chaque fois vous êtes de nouveau présent(e) après. Il y a un avant, un pendant, un après.

Certes, dans les premiers temps, tout ne se passe pas forcément sans quelque réticence... Peut-être faut-il accepter quelques pleurs, compenser l'absence par le « doudou », mais, peu à peu, parce que vous êtes fiable et que vous revenez, bébé et le tout-petit apprennent l'anticipation. L'après a été dit, ce qui est de l'ordre du conscient, et il a été vécu, ce qui est du domaine de l'inconscient.

POUR SUPPORTER LA FRUSTRATION

Pour qu'un enfant accepte la notion de plaisir différé, il importe d'abord qu'il connaisse suffisamment de plaisirs immédiats, sinon, pourquoi ferait-il l'effort d'attendre un hypothétique bienfait ? Il préférera, parce qu'il en est davantage certain, prendre son plaisir ici et maintenant, quand l'occasion s'en présente. On peut expliquer maints passages à l'acte délictueux par cette expérience inconsciente : nombre de vols, en particulier, y répondent ; les conséquences importent peu, seul existe ce plaisir que je me procure sur-le-champ.

L'enfant, tout comme l'adulte, ne peut accepter certaines frustrations que si on lui donne, aussi, quelques satisfactions.

Autre apprentissage : la fameuse pulsion orale décrite par Freud pousse bébé à satisfaire ses besoins alimentaires. Dès que son estomac est vide, il se manifeste à cor et à cri. Que se passe-t-il ? Vous arrivez et vous souscrivez à sa demande : bébé obtient satisfaction. Entre-temps, il y a eu une attente, le plus souvent minime. Vous avez quelques minutes de retard ? Ce n'est pas bien grave, d'autant que l'attente se termine bien. Mieux : cette attente accidentelle fait partie des expériences nécessaires à la capacité positive à anticiper.

Peu à peu, vous « rythmerez » votre enfant en lui donnant des repas à heures plus régulières : là encore, il fera, inconsciemment, l'expérience de l'avant et de l'après satisfait.

Nous nous éloignons de l'écoute ? Non. Ce que nous retrouvons ici, ce sont les mécanismes préliminaires à l'attente, à la frustration et à l'anticipation nécessaires à une écoute satisfaisante.

Pour souligner l'importance de cet apprentissage, imaginons un autre schéma. Imaginons un bébé dont la maman réagit irrégulièrement et toujours très tardivement à la demande, en particulier dans les premiers jours, les toutes premières semaines, sans prendre en compte sa demande urgente. Que va-t-il se passer ? La relation de confiance nécessaire entre la mère et son enfant va se dégrader. Elle vient, ne vient pas, met beaucoup de temps à répondre, vient lorsqu'il n'a pas de besoin particulier : la maman, dans ce cas, n'est pas vécue comme un appui stable, sécurisant, rassurant. Les premières relations de bébé à l'« après » seront défectueuses. L'« après » apparaîtra même très incertain, très angoissant, seul comptera ce qui se passe dans l'ici et maintenant. Ce bébé puis ce petit enfant restera peut-être dans ce schéma parce que les expériences inconscientes des premiers mois l'y auront installé.

Il s'agit là bien sûr d'attitudes répétées, habituelles, pas de quelques retards occasionnels, plutôt bénéfiques on l'a vu : c'est parce qu'elles sont constantes qu'elles deviennent traumatisantes pour l'enfant. L'attitude de la mère n'est d'ailleurs pas pour autant condamnable, sans doute est-elle elle-même confrontée à des difficultés. Une dépression longue, par exemple, de graves soucis de santé. Même lorsque les premiers mois ont été perturbés, il sera bénéfique, plus tard, pour renouer le contact, d'en parler avec l'enfant, de le prendre sur ses genoux et de lui dire : « Tu sais, quand tu étais tout petit, j'étais malade et je ne pouvais pas bien m'occuper de toi... Parfois je te faisais attendre longtemps... » Même s'il n'a que 2 ou 3 ans, qu'il ne saisit pas bien le sens de ces propos, l'information sera inconsciemment perçue.

Le rôle de l'inconscient

L'aptitude à l'écoute se dessine à un âge où il n'est pourtant pas question encore d'écoute au sens conscient du terme. Le rapport à l'obéissance, à l'autorité est lié à la qualité des relations qui se créent à ce moment-là.

Y a-t-il un rapport entre écoute et inconscient ? Oui, bien sûr, et l'exemple suivant va nous permettre de le comprendre. Imaginons que vous êtes en train de lire : vous mobilisez consciemment pour ce faire votre vue et votre cerveau qui analyse ce que vous déchiffrez. Mais la vue n'est pas, ici, le seul sens mobilisé, même si c'est le seul sens actif. Les autres sont passifs... Votre toucher, votre ouïe, votre odorat, voire votre goût (pour peu que vous grignotiez quelque chose en lisant) n'en reçoivent pas moins des informations : la texture du livre, les sons de l'environnement et enfin toutes les odeurs. Par les cinq sens vous percevez une multitude d'informations simultanées alors que vous n'êtes conscient(e) que d'une seule : la vision des signes et l'analyse que vous en faites.

Poursuivons notre raisonnement. Imaginons que votre lecture vous procure du plaisir : les autres sensations perçues seront associées à ce plaisir. Et ce, d'autant plus fortement que cela se fera en dehors de votre conscience... C'est ainsi que fonctionne l'inconscient : il reçoit, en permanence, une multitude d'informations et les associe à des plaisirs ou déplaisirs plus ou moins marqués.

C'est ce qui se passe dans l'inconscient de l'enfant. Alors même qu'il n'a pas encore la maîtrise de son intellect, tous ses sens lui transmettent en permanence une multitude d'informations auxquelles il va réagir en fonction du plaisir ou du déplaisir qu'elles vont lui apporter. Si une attente se termine par le plaisir attendu, elle finira par y être associée, c'est ainsi que la notion de plaisir différé pourra être progressivement intégrée.

3

Un moment symptomatique : celui des devoirs

Quand l'enfant commence à aller à l'école, vient pour certains parents un moment redouté : celui des « devoirs à la maison ». Je pourrais citer ici des centaines de plaintes à ce sujet : le « Tout va bien jusqu'au moment des devoirs... » est une des phrases que j'entends le plus fréquemment en consultation. Il importe de comprendre ce qui se passe pour l'enfant à ce moment-là. Plusieurs cas de figure sont possibles.

Des causes parfois physiologiques

□ Un défaut d'audition

Ce n'est pas ici notre propos et, la plupart du temps, ce n'est pas ce paramètre qui est en cause. Cela ne signifie pas qu'il doit être négligé. La première question à se poser devant un problème d'écoute, c'est en effet : « Est-ce que mon enfant entend bien ? » Au moindre doute, la réponse est affaire de spécialiste.

Il importe de signaler qu'il peut y avoir des pertes d'audition transitoires, liées à des otites en particulier. C'est un point important car l'enfant peut très bien entendre en temps normal et connaître des déperditions ponctuelles. Les otites à répétition doivent alerter car les invalidations qu'elles finissent par entraîner sont parfois source de soucis auditifs – et langagiers – présents et futurs.

□ La fatigue

La fatigue est, souvent, une cause négligée. C'est pourtant un facteur à prendre prioritairement en compte lorsqu'un enfant n'écoute pas ou écoute mal.

En présence d'un trouble, de quelque nature qu'il soit, il importe de se pencher sur les causes organiques et/ou psychiques. La fatigue physique ne prédispose pas à une bonne écoute car elle interfère sur l'énergie psychique, donc sur la capacité à entendre et à... obéir. Si, en vacances, les conflits sont plus rares, c'est essentiellement dû au fait d'organismes reposés et, donc, beaucoup plus disponibles à l'écoute. De plus, la fatigue favorise l'angoisse : elle ne la génère pas mais elle est propice à son installation. Fatigué, tout un chacun est plus sensible au stress.

Le stress mobilise l'énergie psychique : celle-ci n'est plus disponible pour entrer en relation ou pour apprendre.

Restent à déterminer les causes de la fatigue. Chez l'enfant, on sera attentif à :

– l'importance des rythmes de vie : les horaires de repas, de coucher, de lever doivent être globalement respectés. Si 21 heures est l'heure du coucher, ce ne sera pas 20 heures un jour et 22 heures le lendemain. La raison s'impose : l'énergie demandée à l'organisme pour s'adapter finira, à terme, par générer de la fatigue. Cette règle « générale » n'exclut pas, bien évidemment, quelques entorses exceptionnelles ;

– la quantité et la qualité de la nourriture ont aussi une incidence sur le repos physiologique ;

– le bruit est un facteur important : outre le fait qu'un fond sonore trop intense nuit à une bonne communication, il demande aussi un effort pour « passer au-dessus » du son ambiant ;

– la croissance physiologique n'est pas à négliger : les « poussées de croissance » d'un enfant sont parfois spectaculaires, mais, même quand elles ne le sont pas, elles entraînent une grande dépense d'énergie ;

– la croissance psychologique est moins visible : ce sont ces moments où l'enfant « n'est pas bien » sans raisons médicales précises, objectives. Il joue moins, est davantage bougon, tourne un peu en rond. Cela correspond à des moments où, psychologiquement, il vit des remaniements intenses : l'intellect est un peu en déphasage avec l'affect. Cela n'est pas sans susciter, non plus, de la fatigue et le parent attentif peut, en général, détecter ces moments « d'entre-deux ».

Des causes psychiques ?

Une fois exclues les causes organiques et intellectuelles, il importe de se pencher sur les causes psychiques. Parmi elles, la cause majeure des troubles de l'écoute se trouve dans le fait que l'enfant n'est pas disponible psychiquement. Il est « ailleurs ». Il ne peut être attentif car son énergie psychique n'est pas libre. Elle est liée par des processus défensifs et/ou adaptatifs conscients ou inconscients. Ce n'est pas qu'« il ne veut pas écouter », comme disent les parents, ni qu'« il fait semblant de ne pas entendre » : il ne peut pas. Dans ce cas, les cris, les menaces et autres promesses n'auront aucun effet : il importe plutôt de s'interroger sur ce qui l'empêche d'être disponible.

Inutile de lui poser la question : « Il y a quelque chose qui t'embête, qui t'ennuie ? Tu as des soucis ? » La réponse sera toujours négative car ces processus sont totalement inconscients. Les causes sont à rechercher dans son histoire, dans votre histoire familiale. Ainsi les choses pourront bouger peu à peu.

La deuxième hypothèse possible, face au conflit des devoirs, peut être liée à l'absence de désir de faire, ou, si l'on préfère, à l'absence de motivation. Ce non-intérêt pour le travail scolaire peut être transitoire, auquel cas cela est peu préoccupant : l'origine du malaise est alors liée à des fragilités ponctuelles assez facilement décelables à l'observation, fatigue, maladie, préoccupation psychologique liée à un événement « objectivable ». Tel était le cas pour Stéphane :

Stéphane est un petit garçon de 8 ans. Le cheveu bouclé, de jolies lunettes, il apparaît « assez grand pour son âge ». C'est vrai, il est d'une taille un peu supérieure à la moyenne.
Lorsque ses parents ont appelé pour la première consultation, ils étaient plutôt inquiets, un peu nerveux, tendus : leur enfant, me dit la maman au téléphone, n'écoute plus. « Il n'en fait qu'à sa tête », « il répond non à tout », « il faut lui répéter la même chose maintes et maintes fois... et, souvent, ça se termine par des cris, voire des fessées... », « parfois, il refuse de faire ses devoirs ! » ajoute-t-elle, agacée.
Lors du bilan, Stéphane se révèle très coopérant. Il répond à toutes les questions posées, il est plutôt souriant. Il a une petite sœur de 2 ans : « Elle est embêtante, au moment des devoirs elle pleure souvent. » Qui lui fait faire ses devoirs ? « C'est papa, quand il rentre du travail... »
L'entretien ne révèle rien de particulier. Si, peut-être une petite instabilité motrice. Stéphane bouge, a du mal à rester en place. Pour le reste, il est bien dans la relation, écoute ce qui lui est demandé, répond avec pertinence. Seul le mouvement qui l'agite révèle un certain manque de sérénité.
Qu'en est-il de ce petit garçon ? En réalité, rien de grave. Nous sommes en avril, en fin de deuxième trimestre : tous les membres

de la famille sont fatigués, de cette fatigue dont on sait qu'elle favorise l'angoisse. La petite sœur de 2 ans mobilise encore beaucoup d'attention. « Elle fait beaucoup de bêtises », dit le papa. Il ajoute : « Je suis sans arrêt obligé de regarder derrière elle. » Est-il attentif à l'ordre ? « Oui, à la maison en particulier... Chaque chose doit avoir sa place... » Ce besoin d'ordre, lorsqu'il est excessif, est un moyen de se rassurer : il révèle une personnalité angoissée... D'autant plus angoissée, ici, que c'est lui, le papa, qui, au sortir du travail, va chercher la petite sœur à la crèche et Stéphane à l'école. C'est lui encore qui « s'occupe des devoirs »... La maman, de son côté, est très prise par son travail qui l'oblige à partir de chez elle tôt le matin.

Ce qui se passe ici ? Nous sommes dans un cas d'angoisses multiples, induites et amplifiées par une fatigue généralisée. Le rythme de vie des uns et des autres, effréné, ne facilite pas le dialogue, l'écoute plaisir... Stéphane, dans ce cadre, se défend à sa façon de l'angoisse générale : il s'oppose et le fait d'autant plus excessivement que la tension monte. C'est la seule façon (inconsciente) qu'il ait trouvée pour se protéger.

Analyse faite de la situation, le premier conseil donné à la famille de Stéphane a été de... se reposer. Fort heureusement, les vacances de Pâques n'étaient pas loin. La deuxième approche a été d'expliquer que Stéphane « ne le faisait pas exprès » et que sa stratégie n'était qu'un moyen de défense... embêtant, certes. Il ne révélait pas en tout cas une opposition à une relation qui, par ailleurs, était tout de même très affectueuse. Il ne s'opposait pas à ses parents, mais à leur angoisse. Le troisième point était de les rassurer quant à « ce que cela pourrait donner plus tard ». Cette opposition, à ce moment-là, dans ces circonstances, n'était en rien prédictrice de troubles à l'adolescence. Ce point était important à souligner car, derrière les exigences et les tensions répétées, se posait effectivement la question de l'avenir de Stéphane et de son comportement futur. Enfin, le quatrième point a consisté à déculpabiliser les uns et les autres en soulignant que personne n'est coupable de ses angoisses, il n'en est que la victime.

Les parents de Stéphane devaient me téléphoner un mois plus tard, si les symptômes persistaient... À ce jour, ils n'ont toujours pas rappelé.

L'absence de désir scolaire devient plus inquiétante quand elle est quasi permanente. On remarque dans ce cas que l'absence d'intérêt pour l'école et ce qu'elle propose se retrouve aussi à la maison : tout se passe comme si l'enfant se désintéressait aussi, peu ou prou, de ce qui se passe chez lui. C'est souvent en le réimpliquant dans la vie de famille qu'il se réimplique dans la vie scolaire. Là encore, cris, colères, menaces et autres promesses seront de peu d'efficacité si les causes profondes du problème ne sont pas prises en compte.

Une histoire de parents ?

□ Lorsque l'angoisse resurgit

Imaginons maintenant un parent qui aurait eu lui-même une scolarité difficile ou simplement chaotique. Imaginons même quelqu'un pour qui cette scolarité aurait pu être douloureuse pour les multiples raisons évoquées : pas ou peu motivé, pas assez ou trop peu disponible psychiquement, manque d'assurance, etc. Ce parent souhaite aujourd'hui que son enfant ne revive pas les mêmes choses. Surtout pas ! Dans ces conditions, au moment où il s'assoit à côté de sa petite fille ou de son petit garçon pour l'aider à « faire ses devoirs », une angoisse, son angoisse qu'il croyait oubliée, dépassée, resurgit. Bien sûr, cette angoisse ne sera pas consciente. Ce parent sera seulement tendu, nerveux, à l'affût de la moindre faute, de la moindre erreur, de la plus petite inattention : il ne veut surtout pas que son enfant échoue... comme lui !

Comment le ressent l'enfant ? Pour lui, le moment des devoirs devient une source de tensions, de nervosité, de cris, parfois davantage. En tout cas, c'est tout sauf une situation sereine. D'emblée, il met en œuvre des processus défensifs pour ne pas se laisser envahir par l'angoisse de l'autre. Tout d'abord, il fait tout pour retarder ce fameux « moment des devoirs » : il n'écoute pas, il reste sourd à toutes les demandes répétées de « se mettre au travail ». C'est le fameux « Il n'y a pas de pire sourd que celui qui ne veut pas entendre » populaire... Lorsque, après moult menaces ou promesses, il s'y résigne enfin (c'est le terme juste), il est sur la défensive, son énergie psychique n'est plus libre de s'investir dans la tâche demandée. Il ne parvient pas à se concentrer, il faut alors lui répéter de nombreuses fois les mêmes choses. Le message n'est capté que très superficiellement et même si dans l'instant, à la fin des devoirs, après des moments difficiles, on a enfin l'impression que le travail est compris, que la leçon est sue..., le lendemain, à l'école, l'enseignant constate qu'il n'en est rien... Cette situation est parfois à l'origine de malentendus entre parents et enseignants, ces derniers reprochant aux premiers de ne pas « faire travailler » leur enfant, ce qui est, le plus souvent, faux. Ce qui s'est passé, c'est que le travail n'a pu être efficace dans les conditions psychologiques particulières où il a été fait.

□ « Et moi, ai-je été écouté ? »

L'inconscient parental peut-il avoir une incidence sur la sérénité psychique de l'enfant ? Il semble bien que oui.

Pourquoi ? Parce qu'on est parent en fonction du modèle parental que l'on a vécu. C'est le fameux « processus de répétition », avec deux modèles essentiels : le processus de répétition en conformité et le processus de répétition en opposition.

Si je n'ai pas été écouté, puis-je écouter mon enfant ? Ou, à l'inverse, peut-être l'écouterai-je trop, avec un risque d'envahissement ? Dans un cas comme dans l'autre, mon histoire interférera avec celle de mon enfant. D'autres exemples :

– le parent qui, au cours de son enfance, n'a jamais évolué que dans les tensions, les cris, les injonctions, a fini, lui aussi, par se fermer à toute communication, et a perdu l'habitude d'écouter l'autre. Devenu adulte, pourra-t-il se défaire de cette défiance qui lui a permis de survivre étant petit ?

– le parent élevé par une mère gravement dépressive a intégré un mode relationnel fait de peu d'échanges. À l'âge adulte, pourra-t-il mettre en œuvre une relation autre avec son enfant ? Oui, s'il se fait aider, mais autrement ?

Ces parents ayant connu, petits, de graves troubles relationnels, ont parfois les plus grandes difficultés à installer une relation sereine avec leur enfant. Le passé pèse lourdement. La situation n'est pas inéluctable, à condition toutefois que les parents en soient conscients et qu'éventuellement ils soient soutenus.

Or ils ne s'en rendent pas toujours compte. Les défenses mises en place via les processus de refoulement, de déni empêchent parfois la prise de conscience et sans doute est-ce, dans ce cas-là, pour celui ou celle qui le vit, le moindre mal possible. Car la gravité des blessures enfantines peut se mesurer souvent à l'aune de la gravité des symptômes actuels : mal-être, difficultés relationnelles permanentes, incapacité à assumer une activité professionnelle de façon suivie... Certains de ces comportements peuvent dissimuler des souffrances sur lesquelles il faudra se pencher.

Seul(e) ? Dans certains cas, la présence d'un professionnel sera nécessaire car le chemin qui a conduit à ce ou ces symptômes est certainement très douloureux, trop douloureux pour être parcouru sans aide.

Au quotidien, même si le parent n'éprouve lui-même aucun symptôme de non-communication, il est toujours intéressant de se pencher sur soi et sa propre histoire : Est-ce que j'écoute bien mon enfant ? Qu'est-ce qui m'en empêche ? À quoi cela peut-il tenir ? Il est clair que cette réflexion, seul, à deux ou avec un tiers, peut permettre sinon de faire sauter un obstacle, du moins de faire avec...

Que faire s'il refuse de se mettre à ses devoirs ?

Parfois donc l'inconscient des parents et celui de l'enfant confèrent au moment des devoirs un fort climat de tension : sentant que la moindre erreur risque d'avoir de lourdes conséquences, l'enfant n'écoute pas ou très mal les consignes...

Des deux côtés, on souffre de cette situation. Pas seulement l'enfant, mais aussi le parent qui s'est fâché et se désole a posteriori en se demandant pourquoi il « s'est mis dans cet état », sans se douter que c'est son angoisse ravivée qui en est la cause. Le moment de crise passé, il se sent même coupable d'une réaction excessive, s'étonne de n'avoir pas su se maîtriser. Mais, dès qu'il se sent menacé, dès qu'il se sent en danger, l'affect déborde l'intellect. Quelle que soit l'intelligence de celui qui vit une situation d'angoisse présente ou réactivée, les défenses qu'il met en place (et qui peuvent se traduire, aussi, par de l'agressivité) prennent toujours le pas sur son raisonnement.

Alors, que faire ? Avant tout, on le comprendra, faire baisser le niveau de tension. Quelques mesures pratiques et facilement applicables peuvent immédiatement être prises :

– réfléchir au « bon moment » pour faire les devoirs : dès que l'enfant rentre à la maison ? ou un peu plus tard ? La réponse est fonction de chacun. Pour certains, le mieux est de « s'en débarrasser » tout de suite. Il semble cependant raisonnable de prendre le temps de goûter et de se poser un peu. Ce qui importe en tout cas, c'est de trouver le moment pour l'un et l'autre où l'échange se fera le plus sereinement possible ;

– bien choisir le lieu : la chambre ? la cuisine ? la salle de séjour ? Privilégier l'endroit le plus calme et le plus éloigné de toute tentation ;

– prévoir le temps qui sera imparti à la tâche : c'est préférable, surtout si l'expérience prouve que l'exercice peut durer « des heures... ». En ce cas, une limitation raisonnable de sa durée, travail fini ou pas, est souhaitable. Si un enfant de 6 à 10 ans n'a pas fini ses devoirs en une heure grand maximum, le faire travailler davantage ne sert qu'à accroître le climat de tension... ;

– rencontrer l'enseignant et l'informer des difficultés que posent les devoirs : si les mêmes se retrouvent à l'école, parents et enseignants pourront coordonner leurs efforts... Dans le cas contraire, il n'y aura pas de malentendu irritant sur le fait que l'enfant ne fait rien à la maison.

À chacun, en fonction de son rythme et de son lieu de vie, de s'efforcer de créer le cadre le plus serein possible. C'est un facteur important.

Ensuite, c'est au parent de réfléchir sur lui-même :

– d'abord, se déculpabiliser : si les mots, si les actes ont « dépassé sa pensée », c'est que sa réaction présente est proportionnelle à ses souffrances d'antan ;

– ensuite, repenser, justement, à sa propre histoire : cette réflexion personnelle permettra d'intellectualiser ce qui n'était, jusqu'alors, qu'un vécu purement affectif, viscéral. Si besoin est, l'aide d'un professionnel permettra sans aucun doute une avancée plus sensible : tout dépend de l'importance de la blessure subie ;

– si, malgré tout, les séances de devoirs continuent à s'accompagner de trop de cris, trop de pleurs, peut-être faut-il penser à prendre quelqu'un d'autre pour aider l'enfant dans cette tâche.

L'exemple quotidien des devoirs montre bien comment, dans une situation ordinaire, peuvent s'intriquer des phénomènes inconscients complexes (l'activation ou la réactivation de ses propres angoisses) et des paramètres environnementaux très banals capables d'élever le niveau d'angoisse de la relation. Il existe d'autres situations ordinaires où l'écoute est perturbée : les moments du coucher, l'invitation à venir à table, la demande de rangement... Si l'une de ces situations pose problème, on s'efforcera d'agir, dans un premier temps, sur les paramètres environnementaux (le bon moment, le temps imparti, le calme, etc.) et, si nécessaire, sur ce que ce moment peut réactiver en soi. Si, enfant, j'ai eu des problèmes de sommeil, je serai plus sensible au fait que mon enfant dorme bien ; si j'ai eu des soucis avec la nourriture, je serai plus attentif à ce qui se passe au moment de se mettre à table, etc. Le souci d'autrefois se trouve réactivé lorsqu'on le revit avec son enfant : il génère de l'angoisse, elle-même à l'origine des tensions de cet instant. Mon angoisse finit par angoisser mon enfant... qui ne m'écoute plus.

4

Mais pourquoi obéit-il aux autres... et pas à moi ?

La situation décrite au chapitre précédent permet de comprendre pourquoi l'enfant qui n'écoute pas, « qui ne m'écoute pas », peut davantage écouter quelqu'un d'autre et lui obéir.

Au quotidien, ce cas de figure est assez banal : le plus souvent, c'est la mère qui se plaint, surprise de voir le père obtenir plus de « résultats » qu'elle ; parfois, ce sont les parents qui constatent qu'il est plus obéissant en classe ou quand il fait telle activité.

La plainte maternelle

D'une façon générale, les mères se disent moins écoutées que les pères. Rassurons-les : ce n'est pas une question de compétence !

C'est à la fois plus simple et plus complexe. La raison majeure en est que les mères sont davantage liées affectivement à leur enfant. Cela ne remet pas en question l'amour paternel, tout aussi fort, mais les liens qui unissent la mère et l'enfant sont irremplaçables : pour le tout-petit, elle reste la base de sécurité première. L'entité biologique qu'ils ont formée pendant les neuf mois de la grossesse lui donne une place capitale dans la relation parent-enfant. Certes, elle peut être remise en cause si, dans les premiers mois, les premières années, elle n'assure pas un minimum de sécurité à son enfant, s'il ne trouve plus auprès d'elle la satisfaction de ses besoins vitaux et de ses plaisirs sensoriels. Dans ce cas, et dans ce cas seulement, le substitut qui assurera au tout-petit le sentiment de sécurité dont il a besoin prendra auprès de lui la première place affective.

Ce lien exceptionnel établi entre eux pendant la grossesse explique la séparation parfois très difficile de l'accouchement et nombre de dépressions post-partum. Quelquefois, c'est la rupture de l'allaitement maternel qui se révèle pénible car il faut accepter, cette fois, la rupture définitive de cette fusion physiologique naturelle.

C'est d'un statut psycho-physiologique considérable que jouit la mère : jamais un enfant ne connaîtra plus grande sécurité que celle du ventre maternel. Jamais il ne jouira d'une aussi totale satisfaction de tous ses besoins.

Dans les premières semaines suivant l'accouchement, c'est toujours majoritairement la mère qui continue à assurer la sécurité et la satisfaction des besoins du tout-petit... donc son plaisir immédiat. Car l'histoire de l'enfant et de la relation avec sa maman est d'abord une histoire de plaisir immédiat.

On comprend bien ce qui peut se passer : plus tard, **il est plus difficile à l'enfant d'accepter une contrainte de la part de quelqu'un qui n'a pratiquement donné, pendant très longtemps, que des plaisirs immédiats**... L'inconscient est une fois encore à l'œuvre.

D'autant qu'à l'attachement très fort du bébé à sa mère a répondu, dans le même temps, l'attachement de la mère à son enfant. Cet attachement la rend plus sensible à ses contrariétés, ses pleurs, ses bouderies, ses colères... Elle ne veut pas être celle qui apporte le déplaisir, elle cède donc plus facilement, insiste moins, tolère davantage..., ce qui offre à son petit garçon ou à sa petite fille une marge de manœuvre dont parfois il ou elle use, voire abuse.

Cette proximité qui s'établit entre mère et enfant amène deux remarques :

– l'écoute, l'échange sont souvent de meilleure qualité dans la relation enfant-mère que dans la relation enfant-père : la proximité affective des tout premiers mois favorise une complicité, une relation unique. Ce constat ne signifie pas que l'enfant ne puisse pas trouver aussi avec son père une relation d'écoute satisfaisante, mais elle est en général plus facile avec la mère ;

– la manière dont la mère a elle-même été écoutée dans son enfance peut prendre une résonance beaucoup plus grande sur sa capacité à se faire obéir. Imaginons une maman qui n'a pas eu une enfance heureuse, détendue, et ce, pour de multiples raisons : parents rigides, très sévères, trop absents, violents, etc. Elle n'aura pas envie que son enfant vive les mêmes tourments, et elle supportera d'autant moins de le voir contrarié, malheureux. Elle sera d'emblée, avec lui, moins exigeante.

Pourquoi obéit-il plus volontiers à son père ?

Les liens unissant un enfant à son père ne sont pas du même ordre que ceux qui l'unissent à sa mère, non pas que les sentiments éprouvés soient moins intenses mais, on l'a vu, la mère a assuré, pendant neuf mois, la survie de l'enfant : ce lien-là est capital.

Majoritairement, la mère a donc inscrit l'enfant dans une démarche de plaisir immédiat (in utero et au cours des premiers soins postnataux). Le père n'a pas le même statut auprès du tout-petit. Parce que l'enfant n'a pas fait, avec lui, les expériences répétées du plaisir immédiat utérin et postnatal, il acceptera plus facilement de lui un plaisir différé. C'est ainsi que le rôle du père se précise pour lui peu à peu : tout en étant celui qui rassure, qui console, il est également celui qui sépare de la mère, celui qui peut être moins patient, plus exigeant... Alors que les premiers contacts avec la mère ne sont que plaisirs, les premiers contacts avec lui peuvent être aussi déplaisir...

Un autre aspect psychique peut expliquer le fait qu'un enfant obéisse davantage à son père qu'à sa mère. Le lien unique qu'il a avec sa mère peut générer chez elle, par excès, de fortes angoisses de responsabilité. En quelques mots : elle peut se vivre comme seule et unique responsable de la survie puis de la vie de son enfant. Tout se passe comme si elle se sentait seule capable de l'assumer, comme elle était seule capable d'assumer le futur petit à naître. Ce ressenti est très lié à son histoire personnelle. Peut-être le modèle de son propre père s'est-il révélé déficient. Peut-être son désir d'enfant était-il trop personnel : « Ce bébé sera à moi, pour moi et moi seule, etc. », en référence inconsciente par exemple à un sentiment d'avoir été plus ou moins abandonnée – d'où le désir d'avoir enfin quelque chose à soi et de ne pas faire subir à son enfant la même souffrance que la sienne.

Quelles que soient les raisons de cette exclusivité relationnelle (qu'on pourrait appeler aussi relation fusionnelle), les effets en sont les mêmes : elle est génératrice d'angoisses majeures. La maman, dans son refus inconscient de partager avec un tiers (le mari, le compagnon, les aides maternelles) la responsabilité éducative, est toujours sur le qui-vive, toujours inquiète ; elle s'interroge sans cesse sur le bien-fondé de ses décisions passées et présentes et se préoccupe en permanence du bien-être de son enfant. Elle se culpabilise très facilement. Au quotidien, obligée par elle-même de tout gérer toute seule, elle est envahie d'une anxiété proche de l'insupportable. C'est ainsi que l'enfant peut devenir lui-même insupportable parce que, justement, plus personne ne le supporte. Ce genre de situation ne peut se dénouer que si un acquiescement inconscient à la demande d'implication du père ou de l'entourage est amorcé. Sinon, toute tentative d'aider la mère est vouée à l'échec.

La capacité empathique de l'homme est, d'une façon générale, moins prégnante que celle de la femme, pour des raisons assez proches de celles que nous avons déjà évoquées ; l'autorité lui est donc plus « facile ». L'expérience de la maternité et des premiers soins postnataux « oblige » d'une certaine façon la mère à se mettre à la place de l'autre : ici de son bébé. Elle est, de ce fait, plus réceptive, plus sensible à ses réactions que peut l'être le père, aussi attentif qu'il soit.

Cette empathie féminine se trouve renforcée par un moindre potentiel musculaire : moins physique que le petit garçon, la petite fille met en place avec l'autre des relations plus intellectuelles, plus subtiles. Elle se trouve davantage dans l'obligation de penser à l'autre, de penser « comme l'autre », à ses réactions. Le petit garçon, plus fort physiquement, n'a pas forcément besoin de ces arguments-là et il reste davantage centré sur lui : sa préoccupation de l'autre est moindre [1]. Ce moins d'empathie implique plus d'égocentrisme. C'est encore un constat global, pourtant, c'est bien cette capacité empathique spécifique aux femmes qui fait qu'on les retrouve majoritairement dans les professions relatives à l'aide et aux soins des autres et, en particulier, des enfants. Les hommes sont moins patients avec l'autre. Ainsi la zone de tolérance des pères est beaucoup plus ténue que celle des mères, ce qui les incite à se faire obéir beaucoup plus rapidement !

1. Il ne s'agit là bien sûr que d'un modèle général : certains garçons se trouvent eux aussi dans l'obligation, très tôt, de trouver des solutions autres que physiques pour gérer leur relation à autrui, ce qui développera leur capacité empathique.

À l'extrême, on retrouve davantage chez eux de problèmes de violence, voire de maltraitance.

C'est donc d'abord cette moindre empathie qui permet aux pères d'avoir davantage d'autorité sur leur enfant, même si, faut-il encore le préciser, il ne s'agit là que d'un constat global et si des exceptions existent.

Par ailleurs, il n'est pas inutile de rappeler que cette impatience éducative, ce moins de tolérance, l'enfant les rencontrera dans la société : c'est aussi un apprentissage indispensable...

Qu'est-ce qu'une autorité naturelle ?

Si l'on s'en tient à notre propos précédent, tous les pères et, d'une certaine façon, tous les hommes devraient avoir de l'autorité. Or ce n'est pas le cas : il est des mères, par exemple, qui en ont davantage que leur mari, des enseignantes qui obtiennent plus de discipline en classe que leurs collègues. L'expression populaire parle chez ces individus, hommes ou femmes, d'une « autorité naturelle ». Elle décrit, le plus souvent, une personnalité qui sait se faire écouter... et obéir sans démonstrations particulières de force et sans rappel permanent de son statut d'autorité. Selon le sens commun, ce serait une qualité non apprise, non acquise, bref innée.

Cette forme d'autorité exclut d'emblée l'utilisation de la force comme moyen de se faire entendre, écouter ou obéir. N'importe qui peut exercer cette autorité-là à partir du moment où il en a les moyens physiques, financiers, militaires ou autres... Ce n'est plus d'autorité qu'il s'agit, mais d'autoritarisme. Ici, l'autre n'a pas d'autre choix que de se soumettre. On peut cependant noter que ce mode de relation, castrateur pour le ou les individus dominés, fait souvent long feu. Toutes les dictatures finissent un jour ou l'autre par sombrer. La raison en est que, pour perdurer dans un rapport de forces, il faut toujours avoir les moyens. Mais à partir du moment où la force décline... C'est ce qui peut se passer dans une famille où la violence est le moyen de communication majeur : dès que le ou les parents sont fragilisés, ils sont soumis à leur tour à la violence de leurs enfants.

L'autorité est d'une autre essence. Elle est nécessaire parce que le petit n'a pas les moyens psychiques de mesurer le danger qu'il court et celui qu'il fait courir aux autres : égocentrique naturellement, il a besoin d'apprendre à vivre avec l'autre. Mais là où l'autoritarisme veut soumettre, l'autorité s'attache à transmettre. Elle peut formuler des interdits, mais elle donne prioritairement à l'enfant les moyens d'en comprendre la finalité.

Lorsque l'autorité est « naturelle », elle ne crée pas de tensions, elle n'exerce pas de coercition. Cela ne veut pas dire qu'elle ne rencontre pas de résistance ou d'opposition, mais elle les gère d'une autre manière, essentiellement fondée sur le respect de l'autre, la confiance, la fiabilité et la communication.

□ Le respect de l'autre

Le respect de l'autre et de soi est le trait majeur de celui ou celle qui sait se faire respecter sans s'imposer. Il est le premier atout de l'autorité naturelle.

À aucun moment, l'heureux détenteur de cet atout psychique ne méprise l'autre par des jugements, de l'ironie, du cynisme, du rejet, du désintérêt. Il a exclu de son vocabulaire tous les vocables ou qualificatifs dégradants ou dévalorisants. Même s'il n'a pas les mêmes fonctions, le même rôle, l'autre est là en tant qu'individu, en tant qu'être humain, avec sa valeur propre : il a des fragilités mais aussi des forces, et, comme tous, il doit être respecté.

Celui qui se trouve en face de lui, enfant, élève ou subordonné, n'est, de ce fait, jamais atteint dans sa personnalité. Est-ce à dire qu'on lui « laisse tout passer », qu'on ne le réprimande jamais ? Non, bien sûr. Mais s'il commet des erreurs, il ne sera pas rejeté en bloc. Ses actes, ses expériences seront évalués, encouragés ou rectifiés, mais ne remettront pas en cause ce qu'il est, lui.

Un professeur qui qualifie son élève de « nul » – en dehors d'un moment de colère ou de mauvaise humeur passager – ne fait pas acte d'autorité, mais d'autoritarisme. Il n'évalue pas son travail, il dévalorise sa personnalité. Ce type de jugement ne peut en aucune façon faire progresser celui qui est ainsi interpellé. En outre, ce professeur qui ne respecte pas ses élèves ne sera pas davantage respecté et se retrouvera disqualifié lui-même à la moindre erreur de sa part.

Le respect de l'autre n'est pas inné. L'enfant est, on l'a vu, d'abord égocentrique. Le sens de l'autre, sa prise en considération ne viennent que progressivement. Et ils ne viennent que si l'enfant est lui-même pris en considération par son ou ses parents. Un enfant qui n'a pas été respecté restera toujours, à l'âge adulte, peu ou prou, dans un rapport de force avec l'autre : soit en position de dominant, soit en position de dominé, l'une et l'autre attitudes alternant en fonction des interlocuteurs. **Celui qui n'a pas été respecté ne respectera pas les autres**.

Lorsqu'on a soi-même, parent, souffert de ce manque de respect quand on était enfant, comment y remédier ? Le respect de l'autre peut-il se réapprendre ? Oui, à condition d'abord de s'interroger : est-ce que moi, parent, je respecte mon enfant ? Quels sont les mots que j'utilise pour apprécier ce qu'il fait... et surtout ce qu'il ne fait pas ? Est-ce que je pense à le féliciter, à l'encourager lorsqu'il a « bien » écouté, lorsqu'il a « bien » fait ? Si je suis tout le temps ou trop souvent dans le vocabulaire ou les mots outranciers, si je ne souligne jamais ses efforts, je peux m'interroger sur le respect que je lui porte, en résonance avec celui que l'on m'a porté. Le réapprentissage commence par ces interrogations, mais cette seule prise de conscience ne suffit pas : il faut ensuite qu'elle soit suivie d'efforts au quotidien, en se disant que, même si ce n'est pas facile, c'est en écoutant et en respectant soi-même son enfant ou son élève qu'on lui apprend à écouter et à respecter.

□ La confiance

L'« autorité naturelle » n'est possible que dans un climat de confiance : confiance en soi, confiance en l'autre. Nous avons tous eu affaire, à tel ou tel moment, à une personne dont l'autorité nous paraissait aller de soi. Si nous nous interrogeons à son propos, nous nous apercevons que c'était quelqu'un à qui nous faisions forcément confiance – et qui nous faisait confiance aussi.

L'« autorité naturelle », pour s'exercer, demande aussi ces qualités : donner confiance à l'autre, lui faire confiance.

Cela implique cependant un préalable : avoir suffisamment de confiance en soi. De quoi s'agit-il ? Peu ou prou, cela correspond au sentiment de sécurité que l'on éprouve pour soi – et que l'on communique à l'autre. La confiance en soi est très liée à la confiance que le parent a accordée à son enfant, au regard porté sur lui.

Cet adulte en qui vous aviez confiance vous communiquait ce sentiment de sécurité, il vous rassurait. C'est pourquoi vous l'écoutiez et, éventuellement, lui obéissiez. Le processus est facilement explicable : l'écoute, pour être performante, demande une certaine disponibilité psychique consciente et inconsciente. Vous ne pouvez écouter sereinement quelqu'un qui vous insécurise, contre lequel vous devez vous défendre : vous allez utiliser tout ou partie de votre énergie pour vous protéger.

Imaginons, par exemple, que vous travaillez avec un directeur qui observe le moindre de vos gestes, ne pardonne aucune erreur, n'admet pas le moindre écart, en un mot vous oblige à une auto-surveillance permanente. Vous faites votre travail mais certainement beaucoup moins bien que si vous étiez totalement serein(e), détendu(e), en confiance. L'énergie psychique nécessaire à la gestion du climat de tension induit par son attitude diminue d'autant celle que vous consacrez à votre tâche. En revanche, avec un supérieur hiérarchique qui vous fait confiance, et qui vous met en confiance, vous pouvez donner le meilleur de vous-même. Vous faites une erreur ? Vous n'avez pas pris, à tel moment, la bonne option ? Ce sera compris, accepté. Il n'y aura ni drame ni conflit : vous en parlerez, vous vous en expliquerez, et le travail pourra reprendre dans les meilleures conditions qui soient. Un incident de parcours ne viendra pas remettre en question l'ensemble du travail que vous fournissez.

Peut-on préciser ici qu'une relation de travail basée sur ces principes participe d'un mieux-être à la fois personnel, relationnel et économique ? Plus sereins dans ce cadre, les acteurs sont alors plus performants.

□ La fiabilité

Une personne fiable est d'abord une personne « à qui l'on peut accorder sa confiance ». C'est, très précisément, de cela qu'il s'agit ici. Ce dont a, avant tout, besoin un enfant, c'est d'un parent sur lequel il puisse compter la plupart du temps. La fiabilité est rassurante ; elle n'exclut pas les moments de défaillance, mais ce sont quelques avatars dans une relation globalement satisfaisante.

Pourquoi la fiabilité est-elle un des ressorts de l'autorité naturelle ? Parce qu'un enfant ne pourra accepter de se plier à une contrainte que s'il fait confiance à ses parents. On lui demande de passer à table ? de ranger ses affaires ? de se brosser les dents ? Il le fera. Peut-être pas à la première demande – il faut être réaliste ! –, mais à la deuxième ou à la troisième... il s'exécutera car il sait que, dans l'ensemble, son parent est bienveillant. Il sait que cette exigence de contrainte n'est pas permanente, qu'elle n'est pas destinée à lui nuire. Il sent, de par les expériences qu'il a déjà, que, même si on lui demande quelque chose de désagréable, c'est, au final, « pour son bien ».

C'EST POUR TON BIEN !

Qui n'a jamais ponctué son propos d'un « Mais ce que je fais, c'est pour ton bien » ? Et qui n'a pas été déçu par le peu d'efficacité d'un tel propos ?
Rappelons-nous que l'une des caractéristiques de l'enfant est son incapacité d'abord, et sa difficulté ensuite à anticiper. Ce qui lui importe, avant tout, c'est son plaisir immédiat. Dès lors, comment peut-il croire que ce à quoi on lui demande de souscrire (et qui est, la plupart du temps, une contrainte) est pour son bien ? Son bien, c'est le jeu auquel il est occupé, la télévision qu'il regarde, la rêverie qui l'absorbe totalement... maintenant.
C'est toujours ce déphasage entre l'enfant qui vit dans l'ici et maintenant et le parent qui gère le présent en anticipant l'avenir qui crée l'incompréhension...
En tant que parent, il faut faire l'effort d'accepter que l'enfant ne comprenne pas cette notion. Ce n'est que peu à peu qu'il va prendre conscience, par exemple, comme le lui disent ses parents, que ranger lui permettra de retrouver plus facilement ses jouets, ce qui lui donnera plus de temps pour... jouer.
Faut-il renoncer pour autant à cette formule ? On peut toujours se dire qu'en lui précisant « c'est pour ton bien », cela ne lui fait pas de mal... et à nous non plus !

La fiabilité se réfère donc à une certaine constance. Mais constance n'est pas rigidité, immuabilité. Ce qui est admis peut bouger, avancer, évoluer. C'est à ce niveau qu'intervient le quatrième aspect de l'« autorité naturelle » : la capacité à communiquer.

□ La capacité à communiquer

Idyllique, la relation de confiance ? Certainement pas : elle n'exclut pas les explications, les confrontations, les tensions passagères. Il ne s'agit pas de laisser l'enfant faire tout ce qu'il veut, comme il veut : il y a des règles, il a des droits, mais il a aussi des devoirs. Simplement, on en parle.

Dans ce climat, l'enfant peut s'exprimer en toute tranquillité, il ne craindra pas de se faire rabrouer. Son attitude n'a pas été la bonne ? Elle sera rectifiée, précisée... sans que tout soit remis en question.

Je voudrais ici témoigner d'une pratique d'observations faites au sein de l'Éducation nationale pendant une vingtaine d'années. Dans le cadre de la psychologie scolaire, un(e) psychologue a souvent en charge une quantité non négligeable d'écoles (de dix à vingt selon les secteurs d'intervention). Il ou elle rencontre ainsi, dans sa pratique, de nombreux directeurs d'école ainsi que des dizaines (voire des centaines !) d'enseignants. C'est un observatoire très intéressant sur l'« autorité naturelle ».

Les écoles qui ont la chance d'être dirigées par des directeurs (trices) à l'autorité naturelle se caractérisent par une ambiance de travail chaleureuse où chacun respecte la pratique de l'autre. Il est tout à fait frappant de voir quels en sont les effets bénéfiques. Les enseignants sont heureux de venir travailler, et leur sérénité, leur plaisir rejaillissent sur les enfants. Il y a moins d'absentéisme pour maladie, beaucoup moins de mouvement dans les équipes, ce qui est un facteur de réussite supplémentaire. La « réputation » d'une école est souvent l'expression de ce climat général.

Cela, le directeur le génère par son écoute, sa présence et sa bienveillance. Les initiatives des uns et des autres sont accueillies avec le même intérêt : celles qui sont heureuses sont soutenues, celles qui le sont moins sont discutées.

La capacité à communiquer est un des révélateurs de l'autorité naturelle. Il faudrait préciser : la capacité à communiquer clairement, simplement. Toujours pour les mêmes raisons, fondamentales : la clarté et la simplicité de la communication rassurent. Le message n'est pas parasité par une complexité technique ou par des idées confuses, l'écoute est maximale, la consigne est précise, l'exécution peut se faire dans les meilleures conditions qui soient.

Il ne s'agit pas justement de communiquer « à tous crins ». Je pourrais citer ici le cas d'un directeur qui, sous couvert d'une communication maximale, affichait toutes les directives, consignes et autres annonces qui lui parvenaient. Les conséquences en étaient que, la plupart du temps, les informations capitales, noyées dans l'ensemble, passaient inaperçues, avec les effets que l'on peut imaginer : tensions, malentendus, reproches, etc. Voilà qui illustre parfaitement le « trop d'information tue l'information... ». Il est clair que ce directeur, sous couvert d'une volonté de communiquer, avait une volonté tout aussi farouche (mais certainement très inconsciente) de ne pas communiquer.

Il en est de même dans le cadre familial. L'autorité du parent passe, elle aussi, par la capacité à dire. Un projet prévu ne peut-il se faire ? On expliquera pourquoi, simplement. Dans ce cas, l'enfant gardera toute sa confiance au parent : quelle confiance d'ailleurs un enfant peut-il accorder à un parent qui ferait des promesses jamais ou trop peu tenues ?

5

Conseils pratiques au quotidien

Lorsqu'on est exaspéré ou seulement inquiet, que faire au quotidien avec un enfant qui n'écoute pas ou trop peu ? Voici deux approches concrètes.

Lutter contre les interférences

Face à un problème d'écoute, il importe d'abord de s'interroger sur les éléments qui peuvent interférer dans la relation avec son enfant. Il n'est pas question ici des éléments sonores tels que les bruits extérieurs difficilement maîtrisables et ceux, inévitables, liés à la vie ménagère qui peuvent effectivement gêner ponctuellement l'écoute, mais de deux sources de distraction qui méritent particulièrement notre attention : la télévision et les jeux vidéo.

□ Le détourner de ce qui le distrait

Notre propos n'est pas de faire un procès de plus à la télévision qui n'est jamais qu'un outil : il peut être bon ou mauvais... et nul n'est obligé de s'en servir. Ce qui est sûr cependant, c'est que cet outil ne doit pas servir de babysitter. Il ne doit pas être l'unique moyen de se divertir pour l'enfant. Si c'est le cas – et cela arrive parfois –, c'est que le tout-petit n'a pas eu à sa disposition (on ne lui a pas proposé) d'autres sources de plaisir immédiat. Il n'a donc pas trouvé d'autre moyen d'accompagnement. Dans certains cas extrêmes, on peut parler de dépendance dans la mesure où la télévision est devenue la seule source possible de plaisir.

Si un enfant passe la majeure partie de son temps devant la télévision, il sera bon de l'aider à en diminuer l'usage en lui proposant, de temps à autre, d'autres activités agréables, jeux, promenades sympathiques, invitation de camarades, etc. Le principe est simple : **il ne renoncera pas à ce plaisir immédiat si on ne lui propose pas d'autres plaisirs immédiats**. L'injonction du type : « Maintenant, tu éteins la télévision ! » sera d'un effet très limité si elle ne s'accompagne pas d'autres propositions qui vaillent la peine de l'abandonner.

Dans un premier temps, le partage d'une activité ou d'un jeu est nécessaire pour l'attirer : lorsqu'il aura intégré qu'il est d'autres plaisirs possibles que la télévision, l'enfant acceptera de la délaisser... ou de ne l'utiliser que comme un moyen parmi d'autres, mais pas comme le seul.

Le problème est identique en ce qui concerne les jeux vidéo et les écrans d'ordinateur : un enfant sera disponible à autre chose si on lui propose des substituts tout aussi agréables.

On peut trouver assez paradoxal qu'un enfant ne retienne pas ce que disent ses parents ou n'y prête pas attention, alors qu'il est parfaitement capable d'écouter la télévision ou de suivre les consignes de son ordinateur pendant des heures. Mais c'est parce que le principe de plaisir immédiat prédomine dans un choix. Dans le cas présent s'ajoute le fait que l'enfant reste maître de la situation. C'est lui et lui seul qui décide : il peut allumer ou éteindre la source de plaisir ; il n'est pas obligé de l'écouter en permanence, devant l'écran il peut zapper, etc.

□ Partager avec lui ou le principe de Lagardère

Une autre approche possible consiste à s'asseoir à côté de lui et à regarder avec lui tel dessin animé, tel film, à jouer avec lui sur l'ordinateur. L'objectif est, ici, de partager, d'échanger avec lui. C'est ce qu'on pourrait appeler le « principe de Lagardère », par référence à la fameuse réplique dans *Le Bossu* de Paul Féval : « Et si tu ne viens pas à Lagardère, Lagardère ira à toi ! »

Principe qui permet d'avoir une relation, un échange sur un sujet commun. Il ne s'intéresse pas à vos propositions ? Intéressez-vous aux siennes : si, dans l'immédiat, ce n'est pas ce que vous espériez, ce sera la base d'autres activités communes possibles. Les réflexions que vous ferez ensemble, les sourires ou les rires que vous partagerez peut-être seront les prémices d'autres échanges.

Au vrai, ce principe se retrouve dans toute démarche éducative vis-à-vis de l'enfant. On a reconnu, désormais, la prématurité physiologique du petit humain par rapport à la plupart des nouveau-nés des autres espèces animales, désignée sous le nom de néoténie : cette prématurité le rend totalement dépendant de l'autre physiquement et psychiquement. C'est donc l'autre qui, dès sa naissance, doit aller vers lui afin de lui fournir les éléments physiques et psychiques dont il a absolument besoin pour vivre.

L'enfant qui n'écoute pas ne fera pas la démarche de venir vers vous. C'est à vous d'aller vers lui dans un premier temps ; progressivement, un équilibre s'établira. Ayant pris « l'habitude » d'une autre relation, l'enfant s'installera dans celle-ci.

PARIER SUR L'HABITUDE

L'habitude peut se définir comme un mode de fonctionnement réitéré (essentiellement inconscient) mis en place par chacun afin de se rassurer. C'est sa fonction essentielle.
Au vrai, l'habitude est donc le fonctionnement psychique le plus économique. Et nous en avons tous, ni « bonnes » ni « mauvaises » au regard de la psychologie, pour laquelle toutes les habitudes vers lesquelles nous pousse notre inconscient se valent. Qu'elles puissent être pénalisantes pour l'utilisateur ou son environnement est un autre problème...
Faire prendre de « bonnes » habitudes à son enfant est un pari utile car, contrairement à ce qu'affirme la boutade de Woody Allen : « Ce qu'il y a de bien avec les habitudes, c'est qu'on peut en changer... », il n'est rien de plus difficile à changer qu'une habitude...

□ Lui apprendre à diversifier ses activités

Mais comment passer ensuite d'un « Je suis à ton écoute » à « Écoute-moi ! » ? La démarche peut laisser quelques parents sceptiques. Son objectif cependant est clair : **il s'agit d'abord d'instaurer des échanges plaisir**. Ce n'est que lorsqu'il aura connu ce type d'échanges que l'enfant acceptera d'écouter, aussi, des demandes moins agréables et, dès lors, d'être également dans l'écoute obéissante.

Attention, il ne s'agit pas de passer, d'un seul coup, d'un excès à un autre. S'il y avait très peu ou pas d'échanges, il n'est pas question de lui imposer une invasion relationnelle : cela ne fonctionnerait pas davantage. Pourquoi ? Parce qu'il pourrait percevoir cet excès inverse comme une agression et mettre en place, inconsciemment, d'autres processus défensifs tout aussi pénalisants que les précédents.

Il s'agit d'aller vers lui progressivement, par petites touches. On jouera à tel jeu qu'il affectionne particulièrement ; on lira tel livre qu'il aime bien, puis on s'efforcera de lui proposer d'autres jeux, d'autres livres, adaptés à ses possibilités, à son âge... Et cette situation n'aura qu'un temps : peu à peu, l'enfant jouera tout seul, lira tout seul, il aura appris à diversifier de lui-même ses centres d'intérêt. Certes, il faudra encore, de loin en loin, partager avec lui telle ou telle activité, mais à un rythme moins soutenu que dans les premiers temps.

Quelques moments favorables à l'échange

Plus concrètement, au quotidien, se présentent des moments favorables à l'échange dont il faut savoir profiter, ou moins favorables qu'il faut savoir gérer.

□ Le matin

Pendant l'année scolaire, le moment du lever et celui des préparatifs pour aller à l'école ne sont pas très propices au rétablissement d'une écoute déficitaire. L'agitation, le stress sont les pires ennemis d'une relation sereine. Le matin, il faut aller vite, très vite. On peut toutefois, le sachant, essayer de contrôler quelques paramètres matériels. Si la toilette de l'enfant est source de crise, elle pourra être faite la veille au soir : l'hygiène physique parfaite n'y trouvera pas son compte, mais l'hygiène psychologique, elle, si. Idem pour la table du petit déjeuner qui sera dressée la veille plutôt qu'en toute hâte au dernier moment. Cela vous paraît peut-être des détails sans importance, mais, on l'a vu, il n'y a pas d'approche psychologique sans une prise en compte globale de l'individu et de son environnement. La démarche est de maîtriser autant que faire se peut les contingences matérielles afin qu'elles ne viennent pas s'ajouter au stress de l'agitation matinale.

Faut-il dire aussi qu'un réveil en douceur est, de loin, préférable à un réveil intempestif parce que programmé trop tard ? Mieux vaut prévoir cinq à quinze minutes entre le moment du réveil à proprement parler et celui du lever. Passer d'un état à un autre, sans transition, n'est possible qu'au prix d'un effort adaptatif réel : cet effort se fait... au détriment des autres efforts à venir.

Si l'on a la chance de pouvoir partager pendant quelques minutes le petit déjeuner, c'est en revanche certainement le meilleur moment pour s'informer mutuellement des programmes individuels de la journée. On annoncera le nôtre et l'on demandera à l'enfant ce qu'il est prévu de faire à l'école... Il ne répond pas ou bougonne ? N'insistons pas.

□ Les trajets en voiture

Peut-être êtes-vous de ceux (celles) qui emmènent leurs enfants à l'école en voiture ? Cette contrainte est une chance parce que c'est là l'occasion de multiples échanges. Le lieu oblige au rapprochement. Rapprochement physique propice à l'échange et à l'écoute, d'abord : il y a peu d'endroits dans la maison où parents et enfants soient aussi proches l'un de l'autre. Le trajet en voiture met aussi tout le monde sur le même pied d'égalité : tous font la même chose, au même moment, et se retrouvent dans une certaine disponibilité. Ce sera l'occasion d'évoquer des projets communs : « Tiens, dimanche, nous pourrions faire cela, qu'est-ce que tu en penses ? », d'échanger des remarques sur l'environnement urbain ou rural : « Drôle de publicité, tu ne trouves pas ? », ou même, pourquoi pas, des propos plus philosophiques. Le huis clos de la voiture est un lieu favorable aux confidences, rendues d'autant plus faciles qu'il n'y a pas de contact visuel direct : l'enfant est à côté de vous ou derrière. C'est l'occasion d'apprendre maintes choses sur sa vie scolaire et relationnelle. C'est un point important. Le parent qui se plaint du manque d'écoute de son enfant ignore très souvent le nom de ses camarades, les jeux qu'il aime, les dessins animés ou les films qu'il préfère... Pas toujours parce qu'il ne s'y intéresse pas, au contraire c'est souvent un objet de désolation : « On ne sait pas ce qu'il fait à l'école, il ne nous raconte pas... » À la question, le soir : « Qu'est-ce que tu as fait aujourd'hui ? », il se voit souvent opposer un « Rien... » ou un bref « On a joué... ». Il est rare que l'enfant s'étende davantage sur le sujet, sauf s'il a vu ou vécu tel ou tel événement particulier, différent du quotidien. Il vaut mieux souvent poser des questions plus précises : « Qu'est-ce qui a été le mieux à l'école aujourd'hui ? », par exemple. La réponse pourra entraîner d'autres informations.

Au vrai, le petit garçon ou la petite fille sont fatigués et n'ont pas forcément envie de reparler de leur journée de travail... tout comme nous la plupart du temps. On peut observer ici que, souvent, nous leur demandons des comportements exemplaires que nous sommes loin d'avoir nous-mêmes.

En revanche, il arrive que l'enfant livre spontanément à des moments inattendus des détails sur sa vie scolaire : les trajets en voiture sont de ces moments qu'il importe de savoir saisir pour en apprendre davantage sur ce qu'il vit en dehors de la maison. D'où l'importance de ne pas avoir un fond sonore trop présent.

□ Les repas

Autre moment propice à l'écoute, celui des repas. Rappelons que l'écoute obéissante doit, pour être efficace, avoir été précédée et/ou être accompagnée d'une écoute plaisir.

Le moment du repas fait donc partie de ces instants d'échange plaisir. On y retrouve et la proximité et les projets communs évoqués pour les trajets en voiture.

On évitera là aussi bien sûr toute source de parasitage externe : radio et télévision. Cela n'exclut pas, de temps à autre, un plateau télévision, mais si la télévision est allumée à tous les repas, il est clair qu'il y aura peu de dialogues possibles...

Là encore, point n'est besoin d'avoir des échanges de haute volée, mais ne nous y trompons pas : c'est à travers le langage proposé à ce moment-là, et à d'autres, que notre enfant forge sa culture. Si les enfants qui réussissent le mieux à l'école sont des enfants d'enseignants ou de cadres supérieurs, ce n'est pas sans raison.

LANGAGE ET CULTURE

Pour un enfant de milieu culturel et langagier déficitaire, les concepts abordés à l'école sont, le plus souvent, très difficilement compréhensibles. Saisir ce que dit l'enseignant lui demande de gros efforts ; parfois, son langage lui paraît même étranger. Plus cet enfant démuni avancera dans sa scolarité, plus les obstacles seront importants car le déphasage entre ce qu'il entend, ce qu'il vit à la maison et ce qu'on lui demande au collège ou au lycée est considérable. L'effort attendu est donc énorme.

C'est pour cette raison qu'il importe d'enrichir le langage et la culture familiale. Il ne s'agit pas de tomber dans l'excès d'une didactique ennuyeuse et rébarbative. Les conversations à table permettront d'apporter ce langage et cette culture à travers les expériences vécues ; l'enfant y trouvera aussi l'occasion de parler de ce qu'il a appris en classe et de le placer dans une autre perspective.

□ Le moment du coucher

Pour le bébé, le tout-petit et l'enfant jusqu'à 8, 9 ou 10 ans, il est un autre moment important de la journée : celui du coucher.

Cet instant qui peut être très délicat à négocier est souvent un épisode aigu de l'écoute difficile. C'est, en consultation, un motif récurrent de plaintes : « Il a du mal à se coucher », « Il faut traîner pendant des heures », « Tous les prétextes sont bons... », « Je suis obligé(e) de me fâcher sinon... »... La difficulté à aller se coucher et la mauvaise qualité du sommeil sont, on l'a dit, symptomatiques d'une certaine anxiété chez l'enfant. Mais, pour aussi délicat qu'il puisse être dans certains cas, ce moment peut se révéler, dans d'autres, excellent pour améliorer l'écoute. La proximité corporelle propre au moment du coucher, qui réactive les premiers contacts de l'enfant avec son parent, a un impact rassurant et donc positif.

C'est là que l'on aura souvent le plus d'informations sur la vie de l'enfant : pour retarder un peu le moment de la séparation, que ne ferait-il pas ? Le plus discret d'entre eux peut, pendant quelques minutes, devenir très disert. Il importe alors, dans ce cadre, de lui consacrer ces quelques minutes, de prendre ce temps-là. Il va contribuer à calmer, à rassurer.

On lui lira ou on lui racontera une histoire qui aura aussi la fonction de mettre en place une transition apaisante. Combien d'histoires, en fait ? Deux ou trois courtes paraissent un contrat raisonnable. Il veut toujours la même ? Relisons-la, c'est qu'elle lui apporte quelque chose psychiquement : soit elle stimule son imaginaire, soit elle le rassure, soit la répétition lui permet, peu à peu, de la contrôler, de la maîtriser, ce qui a encore une fonction rassérénante.

Il a besoin de quelques petits rituels ? Pourquoi pas ? Dans la mesure où ils ne prennent pas une dimension obsessionnelle. Il a besoin de son doudou ? Là encore, pas de problème : qu'il le prenne. Vous craignez qu'il ne puisse plus s'en séparer ? Pas d'inquiétude : ce sera lui qui, à un moment donné, le posera sur une étagère en guise de souvenir. S'il ne peut le laisser, c'est que celui-ci continue de le rassurer.

Il ne parle pas encore de sa journée ? Laissons-lui le temps. Il n'écoute qu'une bribe d'histoire ? C'est un premier pas. Si, jusque-là, l'écoute a été très déficiente, on se contentera, dans un premier temps, d'échanges modestes.

□ Les loisirs

Parce qu'ils sont, par définition, épargnés par le stress, les loisirs offrent encore des moments privilégiés pour instaurer ou réinstaurer le dialogue.

N'importe quel jeu fera l'affaire, même si cela se limite, au départ, à un « à chacun son tour » banal... Mais je joue avec lui, il joue avec moi : répétons encore que l'écoute obéissante passe d'abord, passe aussi par l'écoute plaisir, et que le jeu est certainement l'un des véhicules les plus efficaces.

À chacun d'explorer ces pistes à son rythme, en fonction de ses possibilités. En aucune façon, elles ne sont des modèles de comportement. Le repas reste silencieux ? Ce n'est pas grave : on se parlera au suivant. Le coucher est un moment catastrophique ? Il faut essayer, cela ne marchera peut-être qu'à la sixième ou septième fois. Ce que vous entreprenez, redisons-le, n'est pas toujours immédiatement et manifestement efficace. La démarche thérapeutique s'accompagne de stagnations, de régressions, qui provoqueront encore irritation, colères, énervement. Elle demande beaucoup d'énergie, mais elle n'est pas vaine. Chaque jalon posé finira par permettre de progresser.

6

Dans l'urgence : la gestion des crises

Quelquefois, il y a urgence. On a remarqué qu'au moment où un enfant est à l'écoute se jouent souvent des processus inconscients, liés à nous et à notre histoire, ainsi qu'à celle de notre enfant. Ils peuvent être à l'origine de véritables crises. L'angoisse activée ou réactivée dans ces circonstances agit comme une véritable caisse de résonance. La grande majorité des parents sont un jour confrontés à ces moments de crise. Toutefois, ils ne deviennent préoccupants que lorsqu'ils se répètent trop souvent.

Repérer ses propres réactions

On a vu que chez l'enfant l'écoute peut varier dans le temps : la fatigue, des situations déstabilisantes, certaines phases de développement, des angoisses endogènes dans les moments de « croissance psychique » peuvent momentanément la fragiliser. On a vu aussi que les réponses sont également fonction de l'état physique et psychique des parents qui parviennent par exemple à mieux gérer ce genre de situation lorsqu'ils sont en vacances et détendus. On a noté que les personnes qui arrivent le mieux à se faire obéir en général sont aussi celles qui sont le moins angoissées par l'attitude de l'enfant : leur histoire n'entre pas en résonance négative avec son comportement.

Dans la pratique, on observe que, dans chaque famille où l'on se plaint d'écoute défaillante, on retrouve toujours un ou plusieurs moments critiques : le lever, la préparation pour aller à l'école, les repas, le rangement des affaires personnelles, le moment du coucher. Il y a quasiment toujours un ou des moments plus aigus que d'autres : de ces moments où le ton monte, où l'« énervement » conduit à la colère et où la colère conduit parfois à des mots voire à des actes que l'on regrette... une fois la crise terminée. Que s'est-il passé ?

Pour le comprendre, il faut commencer par repérer, précisément, ces moments et prendre conscience de ce qu'ils réactivent dans notre inconscient.

La maman de Jérôme se plaignait du moment du repas, qui était pour elle une redoutable épreuve. Épreuve qu'elle appréhendait avant même qu'elle ait lieu. Et pour cause : faire venir son enfant à table, le faire manger dans un temps raisonnable, lui faire découvrir des plats nouveaux se révélait ce qu'elle appelait « une véritable galère ».
Au vrai, ce qui se passait pour elle avait à voir avec sa propre histoire par rapport à la nourriture et à ces instants de son enfance où elle passait à table, elle aussi. Lorsqu'elle a commencé à y repenser, elle s'est souvenue de quelque chose de douloureux, de difficile, de conflictuel. Et cette douleur, cette difficulté, ce conflit étaient réactivés avec son propre enfant au moment du repas. Son angoisse inconsciente amplifiait alors le problème... en ne faisant que l'augmenter. Et ses réactions étaient disproportionnées par rapport à la cause objective.

Comment savoir que l'ampleur de nos réactions est en fait activée par notre propre inconscient ? Quelques symptômes le révèlent.

□ De l'« énervement »

Si une situation récurrente a le don de nous « énerver » alors qu'elle n'« énerve » pas la majeure partie de nos pairs, c'est qu'elle réactive chez nous une blessure psychique inconsciente. Le terme évoque, assez explicitement, l'idée d'une symptomatologie nerveuse, ce qui n'est pas faux : l'angoisse a toujours une intrication physiologique plus ou moins directe.

□ Des somatisations

Certains maux de tête, de ventre ou autres ne sont qu'un « moyen » pour le psychique de « concrétiser » une douleur qui ne peut se manifester autrement. Dans la somatisation, tout se passe comme si la douleur psychique ne pouvait s'exprimer que par le corps. Fragilisé psychiquement, le corps l'est aussi physiquement, la douleur s'exprime alors via les organes les plus faibles.

Tous les maux de tête, de ventre ou autres ne sont bien sûr pas d'origine psychique, mais si tous les bilans médicaux ont été faits sans révéler de cause objective, on pourra s'interroger sur leur source.

□ La colère

C'est certainement une des expressions de l'inconscient les plus spectaculaires. Ce qui vous met en colère, vous, ne met pas forcément en colère votre voisin, et vice versa.

Parce que la colère est le symptôme d'une blessure psychique activée ou réactivée, elle est révélatrice d'une angoisse spécifique. C'est en analysant ce qui la déclenche qu'on approche au plus près les causes de ses angoisses.

Son ampleur est proportionnelle à l'ampleur de l'angoisse sous-jacente.

Cela ne veut pas dire que vous n'allez pas réagir à tel ou tel événement, mais votre réaction sera mesurée, adaptée. En revanche, s'il vient gratter, chez vous, une blessure psychique mal cicatrisée, votre réaction risque d'être disproportionnée, démesurée. L'angoisse, une fois encore, aura servi de caisse de résonance, d'amplificateur.

Une expression révélatrice de cet état est : « Cela m'a mis(e) hors de moi[1]. » Ce qui met « hors de soi » est de l'ordre de l'inconscient. À ce moment précis, c'est lui qui a pris le dessus sur le conscient. Une fois la crise passée et plus de sérénité retrouvée, on se demande pourquoi on s'est mis(e) dans cet état... Et on ne peut répondre parce que ce mécanisme est inconscient, on est incapable de l'expliquer.

Observez la colère de quelqu'un d'autre, et vous en prendrez mieux conscience : vous serez étonné(e) de l'état dans lequel il se met pour une cause qui vous paraît si futile. La cause est futile pour vous, mais la blessure qu'elle a rouverte chez lui est, elle, très profonde...

□ « C'est plus fort que moi »

Dans notre existence personnelle, relationnelle ou professionnelle, il nous arrive de faire et de refaire les mêmes erreurs. Nous pouvons ainsi être trop perfectionnistes ou trop laxistes, trop « orgueilleux » ou pas assez, trop ceci ou trop cela... Nous pouvons aussi avoir des façons de procéder dont nous savons qu'elles ne sont pas forcément efficaces... mais que nous réappliquerons parce que « c'est plus fort que nous ». Là encore, c'est une accumulation de faits, de

1. Quand Freud divise le psychisme entre « le Moi, le Ça et le Surmoi », cela exprime bien l'idée que le Moi se forme aussi en fonction du Surmoi (les interdits parentaux et autres) et du Ça des pulsions. Être « hors de soi » a à voir avec ces rapports que l'on a eus avec ce Surmoi et ce Ça.

sensations, d'interactions inconscientes qui nous conduit à répéter des attitudes ou des actes dont nous savons pertinemment qu'ils ne sont pas ou peu positifs.

Sans doute, dans notre histoire affective, ces attitudes ou ces actes devaient, à un moment donné, être très adaptés à une ou des situations particulières. Nous les avons ressentis, à ce moment-là, comme indispensables à notre survie. L'ennui, c'est que ce processus mis en place à une période donnée et dans des circonstances données continue de fonctionner aujourd'hui à notre insu... et se retourne même, parfois, contre nous.

On voit qu'il est intéressant, pour le parent, de repérer ces indices et de les travailler parce que ce sont eux qui, la plupart du temps, donnent aux crises cette ampleur, ces outrances, ces débordements... que l'on regrette ensuite. On se souvient qu'en cas de conflit entre l'affect et l'intellect, c'est toujours l'affect qui l'emporte... Lorsque la crise est passée, que l'affect s'apaise et que l'intellect reprend le dessus, on s'interroge toujours sur la façon dont on en est arrivé là : une partie de la réponse se situe dans notre inconscient.

Gérer les crises de colère

Ce qu'il faut savoir, en cas de crise de colère, c'est que la meilleure façon d'agir est... de ne pas agir.

Si c'est votre enfant qui se met en colère, il est inutile de lui demander pourquoi : il ne vous répondra pas. Il n'en sait rien car, on vient de le dire, ce qui l'a mis dans cet état est inconscient. Dès lors, il est inutile de chercher des explications au moment de la crise : cela ne fait qu'augmenter la tension, les angoisses, et amplifier encore davantage ses réactions.

Il se roule par terre ? crie ? pleure ? Le plus simple est de lui dire, posément : « On en reparlera plus tard lorsque tu seras un peu plus calme... », et de quitter la pièce où il se trouve. Cela vous laissera le temps, à lui et à vous, de vous apaiser. Il n'est d'ailleurs pas utile d'en parler tout de suite après la crise, le « plus tard » peut être repoussé à un moment où vous pourrez vraiment de nouveau communiquer de façon plus détendue.

Il ne faut pas présenter cette mise à distance comme un rejet ou un abandon, mais comme ce qu'elle est : un moyen de retrouver, l'un et l'autre, plus de calme. On ne gère pas l'angoisse en lui surajoutant de l'angoisse. Et il sera toujours temps plus tard, seul ou avec quelqu'un, de réfléchir à l'origine de cette angoisse-là afin de lui apporter des solutions possibles.

On évitera alors, autant que faire se peut, des arguments blessants ou l'utilisation de qualificatifs péjoratifs du type : « Tu es méchant(e), mauvais(e) », etc., qui ne correspondent à rien de vrai, psychiquement parlant. Si toutefois cela vous arrive dans un moment de colère plus spectaculaire que les autres, ce n'est pas un drame. Ce qui le serait, ce serait la systématisation de ce type de propos. Votre enfant sait ou sent que vous pouvez aussi avoir vos faiblesses ; il sait ou sent ce que vous pensez de lui d'une façon générale, ce n'est donc pas un mot ou une attitude moins contrôlée qui remettra tout en question.

L'idée, en prenant de la distance et en neutralisant les propos, est de ne pas rentrer dans un processus d'angoisses interactives interférentes (voir encadré p. 75). Car c'est cette « confrontation d'angoisses » qui génère souvent les réactions les plus explosives. La sérénité est la meilleure réponse possible à l'angoisse que révèle une crise de colère – du moins une sérénité relative car à l'impossible nul n'est tenu.

Les angoisses interactives interférentes

Je ne peux avoir de relation sereine avec l'autre que si l'autre ne réactive pas, chez moi, certaines angoisses... ou que je ne réactive pas, chez lui, certaines angoisses. Si c'est le cas, l'interaction de nos angoisses interférera sur notre relation et la perturbera. Ce concept d'angoisses interactives interférentes (AII) est à l'origine de la majeure partie des troubles relationnels.
Certains mots, certaines réflexions, certains agissements, certaines « façons d'être » viennent rouvrir une blessure psychique mal cicatrisée. Perçus comme agressifs, ils provoquent, en réaction, des attitudes de violence, de repli sur soi ou la mise en place d'un système défensif qui empêche d'écouter l'autre en toute sérénité et interfère sur la relation. Une relation globalement bonne à l'autre n'est donc possible qu'à la condition qu'aucun ne vienne réveiller, chez l'autre, des blessures inconscientes.
À l'inverse, si je rassure l'autre ou s'il me rassure, la relation pourra s'élaborer en toute sérénité. C'est, d'ailleurs, une des bases de la thérapie. Le thérapeute, parce qu'il a travaillé sur ses angoisses, peut rassurer son patient : c'est ce qui leur permet de faire un bout de chemin ensemble.

Se servir de son expérience

En termes de connaissance de soi et des autres, l'expérience, sa propre expérience, est utile... Lorsqu'il s'agit des réactions de son enfant, le repérage des moments sensibles permet de les prévenir ou de les gérer à moindres frais psychiques. Ainsi, lorsqu'une situation s'est déjà répétée plusieurs fois, il faut savoir se servir de ce qu'on a appris...

L'expérience peut impliquer quelques tâtonnements, quelques erreurs, quelques retours en arrière, mais peut s'avérer, à terme, assez payante.

Il est donc essentiel de réfléchir à ce qui déclenche ces

crises, au contexte dans lequel elles se développent, à leur déroulement, à la manière dont elles se sont résolues, et d'essayer de trouver des moyens de les éviter ou d'agir différemment. Vous pouvez requérir l'aide d'un proche, tout en sachant que même s'il n'a pas été impliqué directement, il l'est affectivement : il n'est pas neutre dans la relation et son observation ne sera pas aussi objective que pourra l'être celle d'un professionnel totalement détaché, lui.

Ne pas se décourager

La gestion des crises peut donc s'envisager de deux façons : préventive et curative. La prévention sera consécutive à l'observation des expériences passées et présentes : le repérage précis de quelques indices devrait vous permettre de mieux les maîtriser. Réfléchir à ce que ces instants réactivent chez vous devrait aussi aller dans ce sens. L'approche curative est relative à la réaction au moment même de la crise : on parviendra à apaiser les angoisses si l'on peut prendre un peu de distance et différer dans le temps les explications.

Mais tous ces efforts, préventifs et curatifs, sont-ils utiles ?

Ce qui est décourageant, ce sont les moments de régression, les moments où « rien n'a changé », où « c'est de nouveau comme avant... ». Il importe cependant de les accepter : oui, à certains moments, ça ne va pas. Mais ce n'est pas parce que ça ne va pas aujourd'hui, que ça n'ira pas demain, dans quelques jours ou dans quelques semaines.

L'efficacité de ce comportement sera rarement spectaculaire dans les premiers temps : ce sera une fréquence un peu moins grande des crises, une intensité moindre, plus de spontanéité de votre enfant à votre égard. L'amélioration est toujours fugitive, mais elle existe objectivement. Il importe, là encore, d'être patient.

7

Exiger l'obéissance, mais jusqu'où ?

Faut-il dire que l'apprentissage des règles familiales et des lois sociales est l'un des apprentissages les plus délicats de l'écoute obéissante ?

In utero, notre bébé en devenir est dans le principe de plaisir le plus immédiat qui soit : tous ses besoins sont satisfaits dans un ici et maintenant qu'il ne connaîtra jamais plus. Il n'a aucune contrainte. Les premières apparaissent dès la naissance : le temps, même infime, qui sépare le besoin de se nourrir et l'allaitement en est une ; l'environnement sonore bruyant ou visuel agressif peut en être une autre au moment d'endormissements nécessaires... Ces frustrations, si mineures soient-elles, existent et elles ne vont que croître et se multiplier au fur et à mesure du développement.

Être social, le bébé, le petit enfant puis l'enfant va être amené à composer avec l'autre. Avec les autres. Ceux de sa famille, d'abord. Ceux de la société élargie, ensuite. Les premières frustrations pénalisantes peuvent émerger dès les premières semaines, les premiers mois, notamment en cas de soins parentaux très irréguliers, très déficitaires ou aberrants. Dès lors, l'instauration d'une relation de confiance à l'autre se met en place difficilement. Nous avons également observé que ce « climat de confiance » établi par la présence d'un parent « suffisamment fiable » est un préalable déterminant à l'écoute obéissante. Sans lui, on ne peut espérer une mise en place globalement stable, « assurée », de cette composante de la personnalité.

Où on en revient à l'autorité

L'enfant, être social, va donc être amené à s'inscrire dans la société. Pour ce faire, parents, puéricultrices, enseignants, etc. vont lui apprendre les règles du jeu social et, parmi celles-ci, le rapport à la loi. La question qui se pose toujours est : comment lui transmettre cette loi ? Y répondre amène, forcément, à reparler du rapport à l'autorité.

La question du comment transmettre ces règles ne s'est jamais posée pendant des décennies, voire pendant des siècles[1]. Cette transmission s'est faite, pendant longtemps, sur un mode autoritaire, sinon autoritariste. La relation à l'enfant, sur ce thème, était souvent une relation de force : il devait obéir, il n'avait pas le choix. Le châtiment corporel n'était pas exclu du mode d'apprentissage. Ce temps n'est pas si ancien.

Le symbolique Mai 1968 et son « Il est interdit d'interdire... » ont peu à peu changé la donne : désormais, il fallait privilégier le dialogue, la relation de confiance, l'explication, la mise en perspective. Plus question de rapport de forces et moins encore de châtiment corporel.

Le problème, c'est que ce mode éducatif demande beaucoup plus de temps, de connaissance de l'enfant, de complémentarité entre adultes éducateurs (en particulier parents-enseignants). Il est plus vrai, plus humain, plus constructif que le mode précédent... mais il est aussi plus difficile à mettre en place.

1. Voir *Quels repères donner à nos enfants... dans un monde déboussolé ?*, Albin Michel, 1997.

Ont émergé alors davantage de violences, d'incivilités, moins de « politesse » qu'autrefois, à tel point qu'une question lancinante se pose désormais : ne s'est-on pas trompé d'éducation ? ne faut-il pas revenir à l'autorité d'antan ?

En fait, il semble qu'il y ait eu un malentendu majeur sur l'application de cette éducation égalitaire. Là où respect de soi, de l'autre et des règles était toujours de mise, certains ont compris que l'enfant avait tous les droits, peu de devoirs. L'enfant-objet d'autrefois est devenu, pour certains, plus qu'un sujet : un roi. Les rôles ont alors changé. On est passé de l'autoritarisme parental à certaines tyrannies enfantines.

Quels parents se sont trouvés le plus démunis ? Sans doute ceux qui ont bien compris que l'autoritarisme n'était pas un mode éducatif mais à qui on n'a pas proposé d'autres modèles. Ils n'ont pas su créer une autre relation avec leur enfant. Ils l'ont d'autant moins bien su que leurs propres modèles parentaux étaient certainement, eux, très autoritaristes. Ils en ont souvent été réduits à une éducation qui pouvait passer du laxisme à la violence, ce qui ne permet pas une transmission sereine et globalement efficace des règles et des lois.

En réalité, pour certains, nous sommes passés d'un excès à un autre. Et, comme toujours en psychologie, l'excès d'une cause crée l'excès de son effet... ou de son exact contraire.

□ La fin de l'autoritarisme

L'autoritarisme n'étant plus de mise, le « non, parce que c'est comme ça et pas autrement... », suivi d'une éventuelle punition, corporelle ou non, si l'injonction n'est pas suivie d'effet, est, aujourd'hui, obsolète, aberrant. Cette « relation de force » éducative s'inscrivait dans une socioculture où le rapport de force régnait et se manifestait certainement de façon plus criante encore qu'aujourd'hui à travers les inégalités sociales[1]. Ce type d'éducation « formait » essentiellement des individus soumis, obéissants, peu enclins à prendre des initiatives (sinon par la force) et dépendants. Pendant des siècles, on attendait d'eux qu'ils travaillent beaucoup, obéissent et se soumettent davantage encore, pour peu de plaisirs personnels et familiaux, pour satisfaire les besoins d'une infime minorité. Propos idéologiques ? Certainement pas : c'était une réalité, et c'est cette réalité-là que connaissent toujours, ici et là, de par le monde, des pays encore imprégnés de ce mode éducatif.

L'évolution de la société française ne remonte d'ailleurs pas à des siècles. Quatre chiffres en témoigneront : en 1900, il y avait 1,8 % de bacheliers ; en 1940, 5,6 % de garçons et 2,9 % de filles ; en 1968, 18,5 % de garçons, 20,8 % de filles ; en 2000, 55,8 % de garçons et 67,8 % de filles. L'éducation est un facteur illustratif du progrès d'une société dans son ensemble. Éduquer un enfant, rappelons-le, c'est lui transmettre les atouts affectifs, éducatifs et culturels qui vont lui permettre de s'inscrire au mieux dans celle dans laquelle il naît et va évoluer. Ce que notre société, celle de demain, demande et demandera à ses adultes présents et futurs, ce n'est pas seulement d'être compétents techniquement, mais aussi d'avoir une certaine aisance relationnelle, d'être capables de s'adapter à des fonctions différentes, d'évoluer, d'imaginer, de créer, de réagir.

Il est clair qu'une éducation autoritariste ne génère pas ces atouts-là. Elle ne génère pas le bien-être personnel et relationnel, les capacités d'initiative que l'on demande désormais... et que l'on demandera davantage demain. Dans un monde en mouvement perpétuel, le retour à l'autoritarisme serait une régression préjudiciable.

1. Ce n'est certainement pas un hasard non plus si, depuis une soixantaine d'années, la socioculture européenne imprégnée de cette nouvelle relation éducative préfère la négociation au conflit.

□ L'autorité, une nécessité

En revanche, dans ce monde-là où chacun a sa place, le droit de vivre ne doit pas s'exercer au détriment du voisin. La liberté de tous implique un peu moins de libertés individuelles. La vie en société impose des lois, de même que la vie en famille nécessite des règles.

L'enfant va devoir apprendre à composer. Cet apprentissage est certainement l'un des aspects les plus sensibles de l'éducation et il va durer des années. Il restera d'ailleurs fragile, comme en témoignent nombre de comportements d'adultes : seul celui ou celle qui n'a jamais fait d'excès de vitesse, stationné là où c'était interdit, omis de mettre sa ceinture de sécurité pourra le contester... Sommes-nous nombreux dans ce cas ? Pour autant, ce qui importe, c'est la nature, l'intensité et la répétitivité de ce non-respect. Égratigner la loi, de loin en loin, par inattention, fatigue ou irritabilité, est autre chose que d'en faire un mode de fonctionnement électif.

La vie en société est source de plaisirs, elle est aussi faite de contraintes. Y préparer l'enfant est une nécessité.

Quand exercer son autorité ?

L'apprentissage de l'obéissance ne peut se faire sans mal, et ce quelle que soit la méthode employée, y compris dans une relation égalitaire. L'interdit est une notion difficile à accepter, surtout, on l'a vu, pour le tout-petit qui est encore dans le plaisir immédiat.

Ce premier point est important, car il est à l'origine de maintes difficultés à formuler l'interdit. Souvent du fait de la réaction contrariée de l'enfant : ses pleurs, ses protestations, ses plaintes peuvent activer ou réactiver chez le parent des blessures qui le feront renoncer à sa demande. Mais lorsque l'interdit est justifié, les pleurs de l'enfant ne doivent pas entraîner le renoncement. Ses pleurs de maintenant lui éviteront maints soucis plus tard.

Exemple : Bébé commence à marcher à quatre pattes. Dans son désir de découvrir le monde, il va explorer son environnement, fort de ses nouvelles capacités. Va-t-on le laisser faire sans aucune restriction ? Non, bien entendu : Bébé n'étant pas encore suffisamment solide physiquement ni suffisamment coordonné, il peut se lancer dans des expériences dangereuses et même menaçantes pour son intégrité physique. L'interdiction est justifiée : « Non, tu ne peux pas faire ça. » Mais elle peut se formuler ainsi : « Non, tu es trop petit, tu peux te faire mal ; quand tu seras un peu plus grand, tu pourras le faire ; pour l'instant, fais autre chose... Fais ceci ou cela, regarde ceci ou cela... » Cette formulation a quelques avantages :

– l'interdiction est claire : le non est sans ambiguïté ;

– elle est expliquée : « tu peux te faire mal ». Ce n'est pas un non de confort pour celui qui le formule (un non de confort pourra être formulé dans d'autres circonstances...) ;

– elle est suivie d'une mise en perspective : « quand tu seras plus grand, tu pourras le faire ». Un plaisir différé est proposé. Le non est ferme mais pas fermé, ni castrateur.

Bébé comprend-il ? Non, pas au sens intellectuel du terme, mais il s'imprègne du propos. Veut-il passer outre et poursuivre, vaille que vaille, l'expérience ? On le prendra dans ses bras et on l'installera à un autre endroit, moins dangereux. Il faudra sans doute répéter l'opération à de nombreuses reprises mais, peu à peu, l'interdit sera intégré, compris, accepté. D'autant que, pendant ce temps, Bébé aura fait l'expérience de son parent suffisamment fiable : il sait, il sent qu'il peut lui faire confiance, que les interdits reposent sur de réelles raisons, et qu'il a accès à d'autres plaisirs permis.

La manière de formuler l'interdit est essentielle. L'explication et la mise en perspective, c'est ce vers quoi il faut tendre... globalement. Que de temps à autre un « Non, ne fais pas ça ! » seul soit prononcé n'est pas gênant. Nous n'avons pas toujours ni le temps ni la patience d'en dire plus. Ce qui importe, c'est l'attitude la plus fréquente, le mode éducatif utilisé dans son ensemble. Encore une fois, nul n'est tenu à la perfection.

Quoi qu'il en soit, et quel que soit le mode de leur formulation, les interdits (surtout les premiers) ne vont pas faire plaisir à l'enfant. Cela peut générer quelques protestations plus ou moins sonores, plus ou moins dérangeantes. Le parent ne doit pas s'angoisser pour autant : il acceptera ces plaintes parce qu'il sait (ou parce qu'il sent aussi quelquefois) que ces interdits sont une frustration nécessaire. Les pleurs sont « embêtants »... mais ils le sont toujours moins qu'un accident.

Par ailleurs, il ne faut pas oublier que l'interdit participe de la première notion à transmettre à l'enfant : celle du respect de soi. Le respect de son intégrité physique via l'évitement de l'expérience dangereuse en fait partie.

Quelles sont les règles incontournables ?

Dans certaines circonstances, il va de l'intérêt de l'enfant que le parent ne cède surtout pas. Trois interdits majeurs, concernant trois règles importantes, doivent ainsi être édictés de la petite enfance à l'adolescence.

□ Le respect que l'on se doit

Le « Non, tu peux te faire mal » que l'on vient de voir peut se décliner sur le mode du « Non, tu peux te mettre en danger... ». C'est le non du respect qu'on doit à son corps : respect de son intégrité physique, notion qui, au fur et à mesure de l'âge, peut revêtir différentes formes.

Cette règle-là est très importante chez le petit enfant parce qu'il n'est pas à même de mesurer les dangers qu'il court. Il n'est nul besoin de faire la démonstration de sa nécessité, mais il est important, on vient de le voir, d'apporter à la forme et au fond de la formulation un soin particulier. N'oublions pas que ces non-là sont les premiers explicitement formulés. C'est le non des premières expériences, des premiers pas. Il est, en principe, moins nécessaire lorsque l'enfant (vers 6-7 ans) prend davantage conscience des risques encourus, ce qui n'exclura pas des rappels éventuels, fastidieux mais toujours nécessaires [1]...

□ Le respect de l'autre

« Non, tu peux mettre en danger l'autre » est la deuxième règle essentielle. Après avoir aidé l'enfant à se respecter lui, il faut l'accompagner dans son respect de ses pairs. Cela va commencer avec ses frères et sœurs, s'il en a, ou ses camarades de crèche.

Le « Non, tu lui fais mal » sera suivi d'un « Tu n'aimerais pas, toi, qu'il te morde (te griffe, te pousse, te...), donc tu ne le lui fais pas. Il n'a pas le droit de te faire mal, tu ne l'as pas non plus... » C'est le banal mais efficace « Ne fais pas aux autres ce que tu n'aimerais pas qu'on te fasse », qui dépassera plus tard la maltraitance physique pour trouver son extension dans la maltraitance psychique.

On constate ici que cette notion s'accommode mal d'une éducation fondée elle-même sur la violence : aucun discours de ce genre, aussi brillant soit-il, ne trouvera d'écho

1. On verra qu'à l'adolescence, en particulier, ce non-là sera de nouveau à l'ordre du jour... mais qu'il sera, sans doute, moins facilement entendu.

s'il se greffe sur des exemples contraires. Si l'on souhaite que son enfant respecte les autres, il faut d'abord le respecter, lui.

Peut-être faut-il insister, ici encore, sur l'importance du comportement parental. Il est clair que tout ce que nous disons à l'enfant ne peut avoir d'écho que si nos propos sont cohérents avec nos actes. Il est difficile d'amener un enfant à respecter une règle que nous transgressons en permanence. De la même façon qu'un enfant sait ou sent son parent « suffisamment fiable », il sait ou sent la discordance entre ses propos et ses faits. Il aura tendance à suivre davantage ce qu'on lui montrera que ce qu'on lui dira. L'idéal consiste à mettre des mots vrais sur des actes vrais.

□ Le respect de la vie en communauté

« Non, tu as le droit de vivre mais moi (nous) aussi » est la troisième règle fondamentale. Elle s'édicte à travers les règles familiales puis sociales : dans la communauté, l'enfant a sa place, mais elle n'est ni plus ni moins importante que celle des autres.

La difficulté, ici, concerne davantage les règles familiales que les règles sociales. Car ces dernières sont prônées par la famille et par la société. Par ailleurs, elles relèvent d'une concertation élargie : c'est l'ensemble d'une population, via ses représentants, qui les promulgue. Elles trouvent pour la plupart leur application partout : le crime, le vol, le viol sont, par exemple, universellement illégaux. Tout le monde s'accorde sur leur nécessité fondée sur le respect des personnes et de leurs biens.

Sur le plan familial, ces règles sociales sont dites par tous les parents, à de très rares exceptions près. Malheureusement, chez certains, l'exemple ne suit pas forcément la parole et, comme on l'a dit plus haut, l'enfant suit davantage ce qu'il vit que ce qu'il entend. Certains passages à l'acte peuvent avoir de graves conséquences, quelle que soit leur motivation.

Les règles familiales

La transmission des règles familiales est concomitante à la transmission des règles sociales. Mais elle concerne encore davantage les parents et elle doit être initiée dès le plus jeune âge. Initiée non seulement en mots mais aussi en actes.

Le non lié au respect de soi, de son intégrité et de l'autre est facilement et communément admis, même s'il n'est pas forcément bien transmis. Il a un caractère global. Mais le non lié à la vie familiale est très variable d'une famille à l'autre, et c'est certainement celui qui demande le plus de réflexion parentale, car il peut créer des distorsions importantes.

Imaginons d'abord des parents très laxistes : leurs interdits seront peu nombreux et leur enfant sera peu confronté à la frustration. Arrivé à l'école, il va avoir quelques difficultés à s'adapter à des règles qu'il n'a jamais (ou très peu) connues. Deux cas de figure peuvent alors se présenter :

– les parents se reconnaissent comme laxistes mais estiment que la règle de l'école va préparer l'enfant à d'autres règles sociales. Le discours, par rapport à l'école, pourra être de cet ordre : « À la maison, les règles sont celles-ci ; à l'école, il y en a d'autres, tu dois les accepter. » Dans ce cas, l'enfant s'adaptera aussi à ce mode de vie sociale et, globalement, l'incidence sur l'écoute obéissante sociale sera moindre. L'écoute obéissante familiale restera, elle, sans doute plus aléatoire... ;

– les parents se reconnaissent comme laxistes mais ne reconnaissent pas à l'école le droit d'édicter ses propres règles. Ils réagissent à la moindre réprimande faite par l'enseignant, critiquent l'école et ses exigences. Soutenu par ses parents dans le non-respect des lois et peu contraint à la maison, l'enfant se construira sur ce mode-là. Il ne supportera pas la contrainte que les règles sociales impliquent... Les conséquences pourront alors être désastreuses pour les autres, d'abord, pour lui ensuite.

Imaginons maintenant un ou des parents trop attentifs à l'ordre, au rangement. Les interdits parentaux vont être très nombreux et concerneront essentiellement des exigences liées à la propreté (au moment du contrôle des sphincters, puis à table, etc.), au rangement. Si, dès qu'il joue, il est interdit à l'enfant de faire trop de bruit, d'en « mettre partout », et s'il doit ranger avant d'avoir fini, il limitera ses jeux... au détriment de son intelligence et de sa capacité à imaginer. Une fois encore, il s'adaptera à cette loi familiale très restrictive. Le problème est que, à l'école, on lui demandera d'oser, de prendre des initiatives, de ne pas avoir peur d'essayer, d'entreprendre : toutes attitudes qu'on lui aura « appris » à ne plus avoir...

Au vrai, le problème se pose, on le voit, dès que les lois familiales ne sont pas, globalement, en phase avec les règles sociales. Trop d'exigences familiales ou trop peu vont se heurter à une société élaborée pour des individus ni opprimés ni oppresseurs. Le passage de la loi familiale à la loi sociale se trouve, dès lors, très compliqué...

C'est dans cette perspective que les parents doivent penser l'apprentissage de leur enfant. Le principe de plaisir immédiat qui le régit d'abord va être forcément bridé par la nécessité de composer avec les autres. La mise en œuvre des règles que cela implique n'est jamais acceptée avec enthousiasme parce qu'elle s'accompagne d'une frustration. Mais elle l'est plus facilement si l'enfant intègre peu à peu le fait qu'il y a des renoncements nécessaires, que ces renoncements procurent, une fois dépassés, des plaisirs différés et différents, dont celui d'avoir sa place au sein de la famille et de la société.

Carotte ou bâton ?

On a vu qu'il ne peut y avoir d'écoute obéissante que si l'enfant connaît, aussi, une écoute plaisir. L'écoute obéissante l'oblige à passer du principe de plaisir à un principe de réalité beaucoup plus contraignant. Il est clair que si on ne lui propose pas ou peu de plaisirs immédiats, il sera vis-à-vis de l'écoute dans un état de frustration quasi permanent. Il finira par ne plus écouter, puisqu'on ne lui adresse la parole que pour lui proposer du déplaisir. Dans ce cas, on peut parier que l'écoute ne pourra être finalement obtenue que par une grande violence psychique et/ou physique.

En revanche, l'enfant qui évolue dans un climat général où on lui offre suffisamment de plaisirs immédiats acceptera davantage les contraintes ponctuelles de l'écoute obéissante. Cela ne signifie pas qu'il bondira de joie lorsque ces demandes seront formulées. Il y aura toujours, a minima, des stratégies d'évitement, mais l'acceptation arrivera, malgré tout, dans un délai et un climat globalement raisonnables.

Le principe de l'écoute plaisir est donc fondamental. La question du « Comment se faire obéir ? » ne peut se poser qu'après...

Ce qu'il faut ensuite savoir accepter, lorsqu'on est parent, c'est que l'enfant de toute façon transgressera ou essaiera parfois de transgresser le règlement. Il l'a fait, il le fait, il le fera. C'est une attitude normale, c'est aussi la nôtre en tant qu'adulte : respecte-t-on toujours toutes les règles du code de la route ? Là encore, seules l'intensité, la répétitivité d'une transgression sont préoccupantes : l'enfant qui continuera à se mettre en danger en permanence, l'enfant qui sera trop souvent dans un rapport de force avec les autres, l'enfant qui n'en « fera qu'à sa tête » et ne respectera trop souvent rien ni personne... C'est l'excès d'un comportement qui pose problème ; les incidents, eux, sont inévitables.

□ Priorité au dialogue

Le dialogue et l'explication sont les premières réponses au « comment faire ? ». Les raisons en sont simples : la demande de contrainte est alors justifiée aux yeux (et surtout aux oreilles !) de l'enfant. On ne lui demande pas ceci ou cela pour le simple plaisir de l'embêter mais parce qu'il peut se mettre en danger, gêner l'autre ou lui faire mal... Parce qu'il a confiance en ses parents, parce que ceux-ci sont, de par leurs actes, globalement en accord avec leurs propos, il l'acceptera davantage. Le non brutal, les « Viens ici ! », les « Fais ça ! » n'apparaissent que comme une contrainte. Les demandes expliquées en sont une, mais elles s'accompagnent d'une vraie justification qui permet, à terme, une meilleure acceptation.

Et les tout-petits, est-ce utile de leur expliquer ? Comprennent-ils ce qu'on leur dit ? Encore une fois, la réponse est nettement oui. Car s'il ne comprend pas au sens purement intellectuel du terme, le petit ressent le propos, la bienveillance de la voix qui adoucit la contrainte. **Il y a ce que l'on dit et la façon dont on le dit. La compréhension s'ajoutera plus tard au ressenti pour consolider l'acceptation.**

Faut-il toujours expliquer, systématiquement ? Il est souhaitable de le faire le plus souvent possible. Cela dit, parfois, les « Non ! » agacés et les « J'en ai marre de te répéter cent fois la même chose » sont bien compréhensibles et sans incidence quand l'attitude du parent est globalement bienveillante.

Jusqu'à quel âge faudra-t-il répéter et expliquer ? Je ne voudrais pas décourager le parent qui me lit mais la réponse est... longtemps. Cela n'a rien de très étonnant. Ce qui est utile, nécessaire, impératif, n'est pas a priori forcément agréable, et même les adultes ne s'y plient pas volontiers. Or l'enfant n'a pas la même expérience que ses parents, il est contraint d'accepter des règles dont les bénéfices ne lui apparaissent pas encore. Il faudra donc les lui répéter jusqu'à ce qu'elles soient globalement acceptées et intériorisées.

□ Mesure du rapport physique

S'il faut éviter l'éducation par la violence, il y a, malgré tout, une phase, un âge, où le petit doit mesurer la force physique de l'adulte.

En effet, de 1 à 4 ans, l'apprentissage des règles se révèle plus délicat. Pour une raison simple : le tout-petit est alors avant tout un être d'action. Son intellect travaille, certes, mais c'est d'abord son corps qui s'exprime via toutes les expériences sensorielles, motrices. Bouger, marcher, courir, sauter, grimper sont autant de sensations nouvelles, agréables, qu'il a envie de répéter. C'est l'âge où est à son apogée la pulsion dite épistémophilique, celle qui pousse tous les enfants à vouloir explorer leur environnement, éprouver des sensations, poser des questions (pourquoi, comment ?), etc. Cette saine curiosité naturelle, spontanée, est un réel atout pour le développement de son intelligence et de son désir d'apprendre, mais elle peut amener l'explorateur en herbe à des situations périlleuses, parfois dangereuses.

À ce désir de bouger, de ressentir, de découvrir s'ajoute celui de s'affirmer en tant qu'être humain. Ce sont les phases

ET LA FESSÉE ?

Voici un argument que j'entends parfois : une « bonne fessée » évite de se poser bien des questions. C'est vrai que la fessée fait passer du principe de plaisir au principe de réalité rapidement. Le problème est qu'elle ne doit pas devenir un mode éducatif pour des raisons que nous avons déjà évoquées. Certes, elle suscitera peut-être très vite l'obéissance de la victime mais elle instaurera, peu ou prou, une relation fondée sur les rapports de forces. Elle provoquera en fait un réflexe pavlovien : je ne fais pas ceci que parce que cela entraînerait un châtiment corporel. Il ne s'agit pas de comprendre le sens de l'interdit mais seulement d'éviter une souffrance physique.

Celui qui est éduqué par la violence restera ainsi toujours, avec l'autre, dans un rapport de forces. Dans un premier temps, il le subira ; dans un deuxième, il le fera subir aux autres (y compris à son ou ses parents agresseurs) ; et dans un troisième (période où sa force physique sera moindre), il sera de nouveau victime. N'ayant pas eu d'autre modèle parental, d'autre modèle relationnel, ce sera celui-là qu'il privilégiera. À moins qu'il ne prenne le contre-pied systématique de ce qu'il a subi et qu'il passe d'un excès de violence à un excès de laxisme... avec les conséquences liées à ce deuxième excès.

Par ailleurs, ce mode éducatif violent privilégie le corporel au détriment de l'intellect. On imagine que ses conséquences sur la perception de l'autre et celle du monde sont loin d'être négligeables. Les sociétés où l'éducation violente reste la norme ont une propension certaine à régler leurs conflits de façon guerrière.

Cela dit, à quel parent n'est-il jamais arrivé d'avoir un geste un peu vif avec son enfant ? Nul ne peut échapper à un moment de colère, d'agacement excessif : ce sera l'enfant qui échappe à notre vigilance et qui traverse la rue sans crier gare, l'acte provoque une telle angoisse chez le parent que celle-ci se traduit souvent par une fessée... Ce genre de réaction n'est bien sûr pas blâmable : on est dans le ponctuel, l'événementiel, qui n'a rien à voir avec l'habituel. L'enfant sait d'ailleurs très bien faire la différence, et la confiance qu'il porte à son parent ne peut être remise en cause à travers quelques dérapages dont il comprend la raison...

du « non », puis du « je » et enfin du « tu ». Elles s'accompagnent, de temps à autre, de confrontations physiques. Ainsi, le tout-petit à qui on interdit l'expérience dangereuse, la relation un peu brutale avec son petit copain, l'utilisation abusive de la télévision, etc., exprime parfois son mécontentement en tapant son parent par exemple. Dans ce cas précis, il n'est pas inutile de le prendre solidement par les bras et de hausser la voix pour lui dire fermement que si on ne le tape pas et s'il n'aimerait pas qu'on le fasse, il n'a pas à le faire. La simple fermeté physique utilisée ici – sans qu'il soit question de fessée, de gifle ou d'autres coups – lui fera comprendre que son parent est, de toute façon, plus solide que lui et que, dans un éventuel rapport de forces, il sera perdant.

Ce contact physique ferme est nécessaire car, sans lui, le petit garçon ou la petite fille peut penser qu'il est seul à détenir ce pouvoir physique et à être tenté de continuer à l'utiliser. Le dangereux sentiment d'omnipotence qu'il ressentira peut conduire à inverser le rapport de forces au sein de la famille : c'est lui qui dominera. Il m'est ainsi arrivé de rencontrer des parents qui, au prétexte d'un respect de l'enfant très mal compris, se laissaient maltraiter physiquement et/ou psychiquement. Il continuera ensuite à se croire tout-puissant et à s'imposer physiquement jusqu'à ce que, inévitablement, il tombe un jour sur plus fort que lui... Il est donc indispensable qu'il intègre vite, à ce moment précis (qui dure quelques mois) où il prend conscience de son corps et de sa force, l'idée que l'autre aussi peut utiliser ce moyen. C'est également lui faire comprendre que le respect doit être bilatéral.

Ce point éducatif est loin d'être négligeable car il peut être à l'origine de malentendus et de dysfonctionnements immédiats et ultérieurs très préjudiciables à tous. Une fois intégré ce rapport de forces possible (vers 5-6 ans), on n'aura en général pas à y revenir. L'enfant exclura ce mode de communication, y compris avec ses camarades.

ET S'IL SE LAISSE FAIRE PAR SES CAMARADES ?

Le parent admet volontiers l'idée de la non-violence dans les rapports humains. Mais parfois il s'interroge. En particulier lorsque son enfant a été agressé physiquement par un camarade à l'école. N'a-t-il pas eu tort de ne pas lui avoir appris, aussi, à répondre physiquement ?

Dans ce cadre, il faut distinguer deux cas de figure :

– l'agression subie n'a été que ponctuelle, elle est le fruit d'un incident, d'une querelle comme il en existe des milliers dans les cours de récréation : l'approche possible est d'écouter son enfant relater les faits, de les replacer dans leur contexte et de lui suggérer, si cela se reproduit, d'en parler à son enseignant ou au directeur de l'école[1] ;

– l'enfant se fait souvent agresser : c'est plus préoccupant car le syndrome de la victime récurrente révèle généralement une fragilité intrinsèque chez celui ou celle à qui cela arrive. Il en souffre d'autant plus que, habituellement, il n'ose pas se plaindre ou dénoncer son ou ses bourreaux. Ce syndrome demande une attention particulière de la part du ou des parents et du ou des enseignants.

Un enfant globalement sûr de lui ne deviendra jamais une victime récurrente car il désamorcera (ou il fera désamorcer) d'emblée l'agresseur potentiel.

□ Encouragements

Il est clair que, parce que nos propres modèles éducatifs ont été plus répressifs qu'encourageants, nos modes de fonctionnement restent souvent du même ordre : nous pensons davantage à mettre en garde, à disputer et/ou à punir

1. Si l'incident est, d'emblée, un accident, la démarche est tout autre : une rencontre immédiate avec l'école s'impose.

l'enfant. Pensons-nous suffisamment à souligner ses efforts ? Pourtant, l'enfant a besoin d'être encouragé dans son écoute obéissante.

Évident ? Pas tant que cela.

D'abord parce que, dans la société adulte, c'est encore et toujours la punition qui est privilégiée au détriment des félicitations. Le respect de la loi est peu récompensé. On s'efforce, avant tout, de décourager et de sanctionner les infractions qui lui sont faites. C'est encore une incitation à souligner davantage les manquements que les efforts accomplis. Tout se passe comme si l'écoute obéissante était « normale », alors qu'elle est parfaitement anti-naturelle et qu'elle demande, à tous, de réels efforts. Elle s'acquiert progressivement, au jour le jour. Il importe donc de souligner aussi, et le plus fréquemment possible, les efforts accomplis. Ce sera : « Bravo ! tu as mis moins de temps qu'hier pour te préparer », ou : « C'est bien, je n'ai pas été obligé(e) de te répéter dix fois de venir manger », ou encore : « Dis donc, tes jouets sont drôlement bien rangés aujourd'hui ! », etc.

L'écoute obéissante ne doit pas devenir conditionnement, soumission aveugle, hyper-dépendance. Elle ne le sera pas pour nos enfants si nous savons leur inculquer les principales règles : respect de soi, respect de l'autre et respect de la vie en communauté, non pas en les leur imposant, mais en les leur expliquant, en les illustrant par notre propre exemple. Ainsi mieux compris et intériorisés, ils deviendront pour l'enfant un facteur d'intégration et d'équilibre.

8

Adolescence : quand l'écoute se brouille

Il n'est pas un seul parent qui ne soit surpris par l'adolescence. Que se passe-t-il ? Ce petit garçon, cette petite fille que l'on croyait si bien connaître est en train de changer. Il ou elle n'est plus le (la) même. Et ce, sur tous les plans : physique et psychique. Il y a la croissance et les transformations anatomiques : cela, en général, est bien compris, bien cerné. Ce qui trouble davantage, ce qui perturbe, ce sont ces nouvelles relations qui s'installent... Souvent, c'est un peu plus tendu qu'auparavant ; parfois, c'est très explosif. Quelquefois, trop [1]. De nouveau, les problèmes d'écoute surgissent. Des problèmes d'entente, au sens plus large, aussi. C'est d'autant plus surprenant que les trois, quatre ou cinq années précédentes ont été plus calmes.

En effet, entre 6-7 ans et jusque vers 10-12 ans, l'enfant connaît, en général, une phase de développement plus paisible [2]. Ce n'est pas un hasard si le bon sens populaire situe l'entrée de l'âge de raison à 7 ans et si c'est à peu près l'âge d'entrée au CP : ce moment correspond (à plus ou moins un an près) à une période où l'intellect connaît à la fois une maturité physiologique et psychologique. L'enfant est

1. Même si, dans 90 % des cas, l'adolescence se passe globalement bien... avec des hauts et des bas que l'on évoque ici.
2. C'est cette phase que la psychanalyse appelle phase de latence.

moins dominé par ses affects, moins « viscéral », moins physique. Il est plus à même de raisonner, d'analyser. Il est moins uniquement centré sur lui-même, il peut davantage se mettre à la place de l'autre. Sa capacité empathique, dont on a parlé au début de cet ouvrage, s'est nettement améliorée. Intellectuellement, il est capable de prendre du recul, d'analyser, de synthétiser.

Sur le plan éducatif, l'essentiel du travail parental est fait ; il n'est pas fini mais la majeure partie de ce qui est et de ce qui sera la personnalité inconsciente de l'enfant est en place.

Physiquement et psychiquement, cette phase de latence est une période plus calme. Ce « calme » permet d'ailleurs à l'enfant de s'investir au mieux dans les activités scolaires, parascolaires et relationnelles.

... puis vient l'adolescence

L'adolescence vient troubler cette relative quiétude. Comment l'expliquer ? Et, surtout, comment y faire face ?

L'entrée dans l'adolescence est induite par une pulsion : la pulsion sexuelle. Elle est, avec la pulsion orale, la pulsion anale et la pulsion épistémophilique, l'une des quatre pulsions capitales. Elle correspond, comme les trois autres, à un besoin physiologique fondamental, indispensable à la survie de l'espèce. Elle va, comme son nom l'indique, pousser l'adolescent(e) à rechercher, à l'extérieur, un partenaire sexuel. Elle s'accompagne d'un certain nombre de transformations physiques qui seront autant d'éléments stimulants pour le, la ou les partenaires éventuels.

L'adolescent(e) se trouve donc poussé(e) par des déclencheurs physiologiques qu'il (elle) ne maîtrise absolument pas. Fort heureusement, ces modifications se font progressivement. Mais cette mise en place progressive est en même temps à l'origine de nombre de malentendus. Une modification brutale se comprendrait, s'« objectiverait » davantage que celle qui s'opère à bas bruit. Celle-ci se révèle parfois déroutante.

□ Un changement de repères

Dans un mouvement psychique concomitant, l'adolescent(e) commence par aller rechercher à l'extérieur de sa famille des repères autres que ceux qu'on lui a inculqués jusqu'alors.

De quoi s'agit-il ? Dans un ouvrage précédent [1], je définissais quatre types de repères fondamentaux, nécessaires au développement affectif de l'enfant :

– les repères sécuritaires : la mère est le premier repère sécuritaire humain de l'enfant, suivie par le père ; leur présence le rassure, l'accompagne jusqu'au moment où il est plus à même d'appréhender la vie seul. L'enfant a aussi plusieurs repères sécuritaires matériels dont le premier d'entre eux est le doudou. Enfin, la parole et, en particulier, la parole vraie est le repère sécuritaire abstrait essentiel ;

– les repères identitaires : ils permettent au petit de s'« individuer », de devenir autonome sur le plan psychique ;

– les repères d'appartenance : nous avons besoin d'appartenir à un groupe (social, politique, religieux, etc.) car le groupe rassure et structure. Le premier d'entre eux est la famille. Le sentiment d'appartenance est l'opposé du sentiment de dépendance ;

– les repères hédoniques : le plaisir est essentiel au développement, à la vie. Il passe d'abord par les jeux sensoriels et moteurs du tout-petit et du petit. Par la suite, il pourra

1. *Quels repères donner à nos enfants dans un monde déboussolé ?, op. cit.*

être encore sensoriel mais aussi plus abstrait (la culture, les relations, etc.). Le plaisir est un élément déterminant car il permet d'accepter et de dépasser les frustrations liées aux contraintes de la vie sociale.

L'adolescent(e) remet en cause les repères que lui a transmis sa famille et survalorise ceux qu'il trouve à l'extérieur.

Le parent est, par exemple, pour l'enfant, un repère sécuritaire majeur : c'est lui qui, par sa présence, par ses mots, son regard, sa bienveillance, rassure l'enfant. Dans le même temps, il est, aussi, un repère identitaire pour l'enfant qui va construire son identité à travers le modèle maternel et/ou paternel. Pendant la phase de latence, en particulier, le modèle identitaire du garçon sera le père (ou les figures masculines proches), alors que celui de la fille sera la mère (ou les figures féminines proches). Pour l'enfant de cet âge, il n'y a pas d'adulte plus magnifique : c'est celui qu'il a toujours connu et qui l'a, le mieux, protégé. Ce modèle familial est alors le modèle parfait.

Lorsqu'il (elle) est poussé(e) à l'extérieur par la pulsion sexuelle, l'adolescent(e) cherche et découvre d'autres modèles. D'autant que, dans le même temps, sa capacité à analyser s'est nettement affinée. Dès lors, il voit et vit les choses différemment. Les modèles identitaires ne sont plus ni papa ni maman ; ce sont d'autres adultes qui assurent ce rôle. Ce peut être un acteur de cinéma, un chanteur, un professeur, un oncle, une tante... mais ce ne sera plus ni papa ni maman.

Pour autant, aucun des repères de l'adolescent n'est solidement en place. Cela le met dans une situation très inconfortable d'« entre-deux », très insécurisante, génératrice d'angoisse. Cette angoisse peut être minime, mais elle peut aussi être majeure. La différence vient essentiellement de la façon dont ont été négociés les stades antérieurs : s'ils se sont globalement bien passés, l'adolescence sera « normalement anxieuse ».

□ Une remise en question

La révolte de l'adolescent(e), même si elle n'est que ponctuelle, paraît tout remettre en question, et le parent s'inquiète : toute l'éducation qui lui a été donnée n'a donc servi à rien ?

Rassurez-vous. Pour l'instant et tant que durera la « crise », ce que vous lui avez transmis semble avoir été oublié. La pulsion de l'enfant prend le pas sur ses affects, sur son intellect parfois. Mais, lorsque cette pulsion aura opéré pour l'essentiel, lorsqu'elle s'apaisera (sans pour autant disparaître), lorsqu'il aura intégré ses repères extérieurs, ceux que vous lui avez transmis opéreront à leur tour.

Dans certains cas, d'ailleurs, le revirement est très spectaculaire. Il n'est pas rare, par exemple, de voir des adolescents très révoltés s'installer plus tard dans un confort bourgeois qu'ils avaient beaucoup dénoncé chez leurs parents. Tous, adultes, n'avons-nous pas hérité de certains goûts de nos parents que nous avons pourtant rejetés un temps lorsque nous étions plus jeunes ?

Votre adolescent ressemblera pour partie à ce que vous lui aurez transmis. Il aura un peu de vous, et un peu des autres aussi. Il sera lui, tout simplement.

□ Une communication difficile

Ce qui se passe est alors très simple : il y a d'un côté un adolescent qui accorde un grand intérêt à d'autres modèles que ceux vécus jusqu'alors, et de l'autre un parent qui, lui, n'a pas changé et ne comprend pas ce qui est en train de se passer. L'adolescent est angoissé ; quant au parent, il ne

« reconnaît » plus le petit garçon ou la petite fille qu'il connaissait si bien ; il est, lui aussi, déstabilisé et angoissé.

On a noté, dans les premiers chapitres de cet ouvrage, que lorsque l'angoisse est présente, l'écoute est difficile. L'angoisse induit des modes de défense qui ne permettent pas d'entrer dans une relation sereine à l'autre. Ce contexte explique la majeure partie des situations d'écoute difficile chez l'adolescent. D'autant que ces angoisses se surajoutent et que, lorsqu'elles sont maximales, elles génèrent des crises parfois spectaculaires, toujours douloureuses.

C'est ainsi que s'explique la majorité des problèmes de communication entre parents et enfants si typiques de cette phase de développement.

Inéluctable ?

Non seulement cette crise est inéluctable, mais elle est nécessaire.

Elle est inéluctable parce que induite par une pulsion. Elle est inhérente à notre développement psycho-physiologique.

Elle est nécessaire au plan phylogénétique de l'évolution humaine : sans crise d'adolescence, il n'y aurait pas de séparation du milieu familial d'origine, pas d'ouverture au monde extérieur. C'est le conflit qui permet un détachement sinon sans doute impossible ou du moins difficile. Élever son enfant demande d'abord de s'y attacher, mais aussi ensuite de s'en détacher pour lui laisser, peu à peu, acquérir la capacité de s'assumer seul, physiquement et psychiquement. Il ne s'agit pas d'un rejet mais de l'acceptation que « son » enfant puisse devenir un adulte à part entière. C'est un processus mental de développement sain et souhaitable.

Les exemples à contre-courant ne manquent pas. C'est le

parent fusionnel, qui induit une relation telle que son enfant ne peut plus se passer de lui. Est-ce un choix conscient du parent ? Non, certainement pas. C'est l'expression inconsciente d'une histoire personnelle très angoissée : le parent fusionnel essaie de réparer, maladroitement, une blessure qu'il n'a jamais guérie. Toujours est-il qu'il ne permet pas à son enfant de s'assumer. Les conséquences sont faciles à imaginer. À l'école, cela se traduit par une difficulté à se prendre en charge seul. Ce sont ces enfants dont on dit parfois qu'« ils auraient besoin que l'on soit toujours à côté d'eux [1] ». Plus tard, si aucune aide ne leur est apportée, ils resteront toujours peu ou prou dépendants de leur entourage.

Explosive ?

En revanche, ce qu'on peut moduler, c'est l'ampleur de la crise. Car elle sera d'autant moins violente, on l'a dit, que les stades précédents se seront globalement bien passés.

Plus risquée sera l'adolescence de celui qui aura été peu considéré, peu respecté, peu sécurisé. Le cumul de ses fragilités infantiles et de ses difficultés adolescentes créera presque à coup sûr des angoisses plus ou moins massives qui se manifesteront par des modes de défense variés : agressivité, violence (contre les autres ou contre soi), inhibition, fuite (ou fugue), comportements alimentaires excessifs (boulimie, anorexie), conduites addictives (alcool, drogue), conduites à risques...

En revanche, un enfant peu angoissé, considéré comme un acteur à part entière dans sa famille, avec qui on a un dialogue satisfaisant, sera moins réactif à l'angoisse suscitée par la période adolescente. Et, moins angoissé, il angoissera

1. Ce peut être aussi le cas d'enfants très angoissés que la présence d'un autre rassure.

moins son parent, ce qui, on l'a montré maintes fois, favorisera l'échange, l'écoute. Il y aura sans doute des moments difficiles, mais jamais la tension et le conflit ne seront continus. La raison en est assez simple : l'écoute, le dialogue permettent la mise au jour et la résolution des tensions ; ils permettent aussi de repérer les premiers symptômes et de les désactiver avant qu'ils ne prennent des proportions moins contrôlables. L'accumulation de soucis, d'inquiétudes, de tensions non dites, non écoutées, est au contraire le ferment d'explosions spectaculaires...

C'est un point important à préciser car les médias se font parfois l'écho de faits divers spectaculairement dramatiques concernant les adolescents, qu'ils accompagnent régulièrement du témoignage d'un voisin ou de quelques camarades qui décrivent l'auteur de ces faits comme « quelqu'un de calme, sans problème, etc. ». Parfois, c'est le parent lui-même qui fait ce type de description. Le téléspectateur, l'auditeur ou le lecteur confronté à ces « informations » peut s'en alarmer : « Cela pourrait-il arriver à mon fils, à ma fille, à un moment donné ? » La réponse est non. Il n'y a jamais émergence d'un ou de plusieurs symptômes spectaculaires sans symptômes préalables à bas bruit mais visibles. Simplement, ils n'ont pas été vus ou ont été négligés. Il m'est arrivé de rencontrer des enfants « apparemment » calmes dont je pouvais dire qu'ils auraient, au moment de l'adolescence, des comportements à risques majeurs. Pour eux ou pour les autres. Chez les enfants, il peut y avoir de véritables « bombes à retardement », mais on peut observer deux choses : une bombe ne se fabrique pas toute seule... et elle n'explose que dans certaines conditions.

En revanche, l'agitation d'un enfant n'est pas prédictive d'une agitation majeure et/ou destructrice au moment de l'adolescence, mais, là encore, tout dépend du degré d'agitation et des causes de ce symptôme.

Rétablir l'écoute

Dans le cadre de l'adolescence à risques, l'accompagnement thérapeutique se révélera sans aucun doute nécessaire, mais celle-ci ne constitue qu'un faible pourcentage de la population de cette tranche d'âge. Il reste que, même chez un adolescent moins préoccupant, la crise ordinaire qu'il traverse va, de toute façon, perturber l'écoute. Le garçon ou la fille va avoir davantage tendance à prêter l'oreille à ses camarades, à tel chanteur à la mode ou à tel professeur quelque peu charismatique.

L'écoute de l'adolescent (dans les deux sens) sera pourtant globalement meilleure si l'angoisse du parent est quelque peu apaisée. Toutes les familles, même les plus paisibles en apparence, ont connu, connaissent ou vont connaître les mêmes interrogations, les mêmes appréhensions, les mêmes tensions. C'est d'une préoccupation partagée, normale pour tous, qu'il s'agit. Le savoir n'abolit certes pas le problème mais permet de l'appréhender avec plus de sérénité.

Il est inutile de s'inquiéter à la moindre incartade. C'est, ici encore, l'intensité, la répétitivité, l'installation dans le temps d'un ou de plusieurs symptômes majeurs qui doivent alerter. Un éclat de voix, une colère, une bouderie, une porte claquée, un mot plus haut que l'autre ne deviennent des symptômes que lorsqu'ils se répètent trop fréquemment, s'installent dans le temps. Qu'ils se produisent de temps à autre dans un milieu plutôt neutre et calme ne vient souligner qu'une chose : leur normalité.

Le parent qui ne parvient pas à dominer son angoisse ne doit pas se culpabiliser. S'il n'arrive pas à envisager plus calmement la situation, c'est sans doute que l'adolescence de son enfant vient réactiver douloureusement chez lui une histoire ancienne ou, à tout le moins, perturbante. À lui de voir s'il éprouve le besoin de faire appel à quelqu'un qui puisse l'aider.

□ Le protéger des conduites à risques

Peut-on encore parler d'écoute obéissante au moment de l'adolescence ? A priori non, car les interdits fondamentaux qui lui ont été inculqués dès la petite enfance ont été intégrés : interdiction de se mettre en danger (respect de son intégrité physique et psychique) ; interdiction de mettre l'autre en danger ; interdiction de se comporter en tyran domestique. Il a appris ces règles et, globalement, les a faites siennes parce qu'il en connaît désormais par expérience les tenants et les aboutissants.

Certes, l'adolescent sait donc que telle situation peut le mettre en danger : comment, alors, expliquer ce goût du risque qui attire certains ?

Ce qu'il faut comprendre, c'est que les transformations psycho-physiologiques de l'adolescent induisent le besoin d'une autre sensorialité. Tout se passe comme si, d'une certaine façon, il avait besoin, comme lorsqu'il était tout petit, d'exercer ses sens, son corps. On peut dire qu'il le réexpérimente... puisqu'il change. Il est dans la période (après la petite enfance) où le corps bouge le plus via la danse, le sport. La musique doit être plus sonore... au grand dam des parents et des voisins. Il éprouve une envie de sensations fortes, associée à un sentiment de toute-puissance psychique jamais éprouvé jusque-là, la vitesse en fait partie, en particulier chez les garçons[1]. Si, à ce besoin de sensations, s'ajoute une conduite addictive (alcool, drogue), les risques sont multipliés d'autant.

1. Les accidents de la route sont la première cause de mortalité en France chez les 15-25 ans.

Il faut toutefois dissocier d'emblée ce besoin de sensations inhérent à tout adolescent et les conduites à risques. Les secondes trouvent souvent leur ampleur et leur origine en amont de l'adolescence. C'est ce qu'on évoquait plus haut en disant que l'adolescence est souvent mouvementée mais qu'elle ne devient vraiment dangereuse que lorsque les phases antérieures du développement se sont mal passées. Cela ne signifie pas que l'adolescent traditionnel n'aura pas, de temps à autre, l'envie d'appuyer sur l'accélérateur de son véhicule, de goûter au fruit défendu de la drogue, mais il n'en fera pas son habitude, du moins s'il trouve, dans son existence, d'autres sensations agréables. En revanche, s'il a peu de satisfactions scolaires, sportives, culturelles, festives, relationnelles, il peut s'attacher à un moyen facile d'éprouver du plaisir.

On comprend alors pourquoi l'écoute obéissante doit d'autant plus s'accompagner à cet âge d'une écoute plaisir : il faut donner à l'adolescent nombre de plaisirs immédiats si l'on veut qu'il renonce à ceux qui peuvent se révéler dangereux, pour lui ou pour les autres.

C'est un principe qui doit guider le parent soucieux d'établir ou de rétablir une écoute, un dialogue satisfaisants. Il doit aussi se souvenir que cela ne s'obtiendra pas du jour au lendemain et qu'il lui faudra, une fois de plus, être patient.

□ Respecter son territoire

Vous pouvez être le parent le plus merveilleux du monde, occuper une place sociale enviable, cela sera souvent de peu d'effet sur votre adolescent. Pourquoi ? Parce que, on l'a dit, il va désormais chercher ses modèles identitaires à l'extérieur du cercle familial, même si pour un autre adolescent qu'il connaît vous apparaissez comme l'adulte qu'il rêverait de devenir... et ce, bien sûr, pour exactement les mêmes raisons qui amènent votre enfant à vous remettre en question.

Faut-il, pour autant, démissionner ? considérer, dès lors, qu'il n'est plus utile de dire quoi que ce soit ? Certainement pas. Car l'attitude de votre adolescent est, en réalité, très chargée d'ambivalence. Ce qu'il dit n'est pas totalement ce qu'il ressent, ce qu'il pense. Il (elle) vous reproche d'être ce que vous êtes mais est, dans le même temps, rassuré(e) par ce que vous êtes. Il (elle) sait comment vous fonctionnez, vos habitudes, n'a plus envie de cela, mais a tout de même encore besoin de cette sécurité que vous lui apportez, par ce que vous êtes et par l'endroit où il est.

Sa chambre est, sur ce plan, très symbolique. C'est le lieu où il est à la fois au-dehors (par les objets extérieurs qu'il y « entasse »... parfois dans un ordre douteux) et au-dedans (parce qu'elle fait partie de l'appartement ou de la maison). **C'est un lieu de transition où il se sent à l'aise car il peut y faire cohabiter ses repères extérieurs et intérieurs**. Celui qui rentre dans l'adolescence supporterait très mal de vivre dans un studio, loin de la famille. Psychiquement, on peut considérer que sa chambre est un véritable sas qui va lui permettre de quitter la maison en douceur...

C'est donc un lieu qu'il faut considérer dans ce sens : il est chez lui tout en étant chez vous. Il s'approprie progressivement sa chambre. La partage-t-il avec un frère, une sœur ? Il s'aménage, peu à peu, un « coin à lui », ce qui revient au même.

Le respect de la chambre, de sa chambre, peut être souvent source de conflits pour cette raison : il est difficile d'appréhender pour le parent que ce lieu n'est plus tout à fait le sien. Il y a du désordre ? C'est son désordre. Est-ce vraiment insupportable ? Peut-être pourra-t-on négocier un moment où, avec lui (elle), vous pourrez envisager une invasion libératrice d'aspirateur, balai et autres plumeaux...

Sa porte, il ne la ferme pas contre vous mais pour lui, pour se protéger, pour protéger son intimité matérielle et psychique. Toute ouverture de la porte par une personne « étrangère » est considérée comme une intrusion, voire comme une agression. Combien de « défense d'entrer » et autres « sens interdit » ne barrent-ils pas l'entrée de la chambre de nos adolescents, comme ils ont orné autrefois celle de notre propre chambre ?

Cette chambre-là est donc un véritable repaire, et en même temps elle est un repère sécuritaire. On y trouve autant d'éléments matériels qui contribueront à le rassurer : ce seront des objets du passé (son ex-doudou, quelques jouets), du présent (son équipement sportif, ses vêtements), ou du « futur souhaité » (des posters de ses « modèles », des livres, etc.).

C'est un lieu capital pour lui, et il faut le savoir et l'avoir compris avant d'essayer d'entamer tout dialogue.

□ Retour au « principe de Lagardère »

Le schéma que l'on a déjà connu dans la petite enfance – il faut dire et « répéter cent fois la même chose » pour le faire bouger, il faut hausser le ton, menacer, etc. –, on le retrouve avec l'adolescent. De nouveau, il n'écoute plus ou très peu... ou trop peu. En revanche, il est très attentif aux propos d'autres qu'il a choisis comme confidents, ou comme modèles, ce qui n'est pas sans susciter des agacements supplémentaires chez les parents.

Au vrai, cet autre ou ces autres, qu'ils ne trouvent pas particulièrement brillants et dont ils n'approuvent pas forcément le mode de vie, ont été précisément choisis parce qu'ils sont différents. Quelquefois même radicalement opposés.

Ils font partie de ces repères humains ou abstraits extérieurs à la famille que l'adolescent recherche, de manière totalement inconsciente même si elle est induite, au départ, par un fait physiologique très concret : la pulsion sexuelle.

Que faire quand on voit jour après jour ses idées, ses goûts vestimentaires, esthétiques, culturels, systématiquement dépréciés ? Faut-il se défendre pied à pied ? Ce serait oublier un peu vite que c'est son inconscient qui le pousse vers l'autre, et qu'il a en outre besoin de le survaloriser pour pouvoir rompre avec ce bien-être affectif qui était le sien jusqu'alors.

Dès lors, quoi que le parent dise, quoi qu'il fasse, ce que dira l'autre, ce que fera l'autre sera forcément « mieux ». Il est clair qu'argumenter intellectuellement ne sert à rien. **Lorsque affect et intellect sont en compétition, c'est toujours l'affect qui prend le pas sur l'intellect. Pour une raison bien simple : l'affect cherche toujours à s'apaiser, à se rassurer, à se protéger, parce que la survie physique et psychique est en jeu**. Argumenter, ici, serait du même effet qu'essayer de raisonner quelqu'un au moment d'une crise de colère.

Pour se rapprocher de l'adolescent, il faut une fois de plus en passer par ce « principe de Lagardère » que nous avons évoqué plus haut : puisqu'il est impossible à l'adolescent d'admettre les idées et les modèles parentaux, il faut essayer de s'intéresser aux siens, ce qui permettra de renouer le dialogue.

Attention ! S'intéresser ne signifie pas prendre pour siens les repères que valorise son adolescent. D'une part, il ne serait pas dupe, d'autre part, ce ne serait pas un service à lui rendre [1]. « S'intéresser à » signifie s'informer sur..., écouter ce que dit l'adolescent. Pourquoi ne pas regarder avec lui

1. Sans compter que cette adhésion serait symptomatique d'une grande fragilité du parent.

telle émission qu'il semble apprécier ? Pourquoi ne pas se renseigner sur tel chanteur, tel groupe, tel acteur qu'il aime particulièrement ? Il n'est pas exclu d'ailleurs de finir par apprécier telle ou telle musique qu'on avait exécrée au départ ou d'envisager certains concepts différemment. Il n'est pas exclu non plus de dire à l'adolescent qu'on n'est pas d'accord avec lui sur tel ou tel point, en argumentant son avis. Un point important, cependant : il est essentiel de formuler ses idées en respectant l'autre. On sera attentif à éviter les propos méprisants, disqualificatifs ou, a fortiori, dégradants, injurieux. Il est toujours possible d'exprimer son désaccord sans mépriser l'autre. Le mépris ou le rejet de l'autre voue la relation à l'échec.

S'intéresser ne signifie pas davantage devenir le copain de son adolescent. Le rôle de parent doit rester entier. Il n'a d'ailleurs pas besoin de vous pour copain ou, si c'est le cas, cela doit vous alerter car cela signifie qu'il connaît quelques difficultés relationnelles. Vous devez garder votre fonction primordiale qui est de rassurer, de protéger, d'accompagner, quels que soient les aléas de l'existence. Le parent est un pilier sûr, ce que n'est pas toujours le copain. Il n'est pas rare, d'ailleurs, de voir l'adolescent avoir, de temps à autre, des attitudes régressives, venir demander un câlin. Il vient en quelque sorte se rassurer par ce contact physique. Seul le parent, clairement identifié comme tel, peut lui apporter cette réponse.

Les moments aigus

L'adolescent est angoissé. Son parent l'est aussi : il est agacé, poussé hors de lui par le comportement de son fils ou sa fille.

L'ado se traîne apathiquement de son lit à sa télévision ou à son ordinateur... Il ne range jamais rien. Il est d'une propreté douteuse – en contradiction parfois avec le soin apporté à son aspect vestimentaire. Ses résultats scolaires sont en baisse : le collège ou le lycée parle de décrochage, de manque de motivation. Ses sorties sont de plus en plus fréquentes, de plus en plus longues...

La tension monte et le conflit finit par éclater. Chacun argumente de son côté... et l'autre ne l'écoute pas : les angoisses interactives interférentes[1] sont en jeu qui viennent brouiller la communication.

En général, cependant, ces explosions sont rares. Pour la majeure partie des adolescents, les effets de la crise d'adolescence ne se retrouvent en effet que ponctuellement avec, parfois, des épisodes plus marqués. Votre colère de parent peut à certains moments déborder, mais c'est sans conséquence s'il ne s'agit pas chez vous d'une façon d'être continuelle et que vous respectez votre enfant : l'adolescent sait faire la différence entre un mot blessant que vous lui aurez adressé dans un moment de conflit et une attitude récurrente, un sentiment permanent. L'écoute et l'entente difficiles entre vous ne sont que les symptômes d'angoisses réciproques. Votre adolescent est aux prises avec des transformations difficiles ; efforcez-vous donc vous-même de faire retomber la tension :

– souvenez-vous que la période que traverse votre enfant est normale : la crise d'adolescence ne devient spectaculaire et/ou à risques, en général, que lorsqu'elle vient se greffer sur un passé déjà chaotique ou si certains événements concomitants viennent en accentuer les effets. Inquiétez-vous si, semaine après semaine, mois après mois, le quotidien n'est fait que de conflits qui ne s'apaisent jamais. Rassurez-vous si, la plupart du temps, il reste émaillé de moments d'échanges, de calme et de plaisir ;

1. Voir p. 75.

– interrogez-vous sur votre propre adolescence, car ce que vous avez vécu et la façon dont vous l'avez vécu sont autant d'éléments qui viennent interférer, ou non, dans la relation que vous avez avec votre enfant. Si cette histoire a été douloureuse, il est peut-être utile d'aller au-delà de l'interrogation : il est très (trop) difficile pour un parent angoissé de faire face à ces nouvelles règles du jeu familial, d'autant que l'angoisse s'accompagne, toujours, d'un sentiment de culpabilité ;

– continuez à porter à votre adolescent une attention bienveillante, intéressez-vous à ses amis, à son travail scolaire, à ses activités sportives ou autres, ce sera autant de points d'ancrage rassurants pour lui ;

– veillez à le respecter : vous pouvez (et parfois vous devez) ne pas être d'accord avec telle ou telle sortie, telle ou telle attitude, tel ou tel propos, mais vous devez prendre garde à ne pas blesser votre garçon ou votre fille dans cette période de fragilité. N'oubliez pas entre autres que les transformations physiques dont il (elle) est l'objet sont une source d'angoisse latente pour lui (elle) : ses longs passages devant le miroir (ou, à l'inverse, son évitement) en sont les symptômes les plus prégnants. C'est donc un sujet sensible et on ne plaisantera pas sur tel ou tel aspect de son corps en évolution.

Ce qu'il faut aussi retenir, c'est que, au décours de l'adolescence et plus encore au moment de l'âge adulte installé, se retrouveront maintes et maintes valeurs qui auront été transmises à l'enfant, même si, quelques mois plus tôt encore, il les rejetait avec force. Le « travail » des parents n'est jamais vain.

9

Lorsqu'il n'écoute pas en classe

Sur les bulletins scolaires, apparaît souvent une remarque ainsi formulée : « N'écoute pas », ou alors : « Pense à autre chose », ou bien : « N'est pas attentif ». À moins que ce ne soit : « Élève rêveur... », ou encore : « Dans la lune !... », etc.

Y a-t-il un lien entre écoute et attention, concentration ? Est-ce que l'écoute a une incidence sur cette compétence, essentielle à l'école ?

Quelle est d'abord la demande de l'école par rapport à l'écoute ? Elle est celle d'une écoute « attentive ». L'école attend de l'enfant qu'il soit attentif afin de mémoriser, de capitaliser tous les messages transmis. Elle demande une disponibilité importante sur une très longue durée. Lorsqu'un enseignant se plaint d'un élève qui n'écoute pas, il y a toujours derrière ce symptôme un vrai problème de fond : la difficulté à « retenir », à mémoriser les savoirs. Une écoute déficiente en classe est à l'origine d'acquisitions floues, incertaines, toujours remises en question, sur lesquelles on est obligé de revenir en permanence.

Écoute et apprentissage

La réussite dans un apprentissage, scolaire ou autre, demande trois atouts : être motivé (avoir le besoin ou le désir de...), être disponible psychiquement et, enfin, avoir des capacités intellectuelles minimales (« mesurées » par le QI). Que l'un de ces trois atouts soit défaillant et l'efficacité de la réussite sera moindre ou nulle.

La motivation, le désir d'apprendre sont très liés à la pulsion épistémophilique et à son accompagnement par le ou les parents. Si celle-ci est stimulée, encouragée, la curiosité naturelle de l'enfant se retrouve à l'école. Si la pulsion est annihilée (par des interdits massifs, par exemple, par une absence de réponses répétée à ses multiples interrogations, etc.), la curiosité de l'enfant s'éteindra, y compris à l'école. Il est utile de préciser ici qu'à certains moments cette curiosité peut être moindre pour des raisons diverses : fatigue, soucis familiaux, soucis propres, angoisses endogènes...

Le deuxième élément nécessaire à l'apprentissage, les potentialités intellectuelles, est très lié au premier. En effet, c'est bien par le biais de la pulsion épistémophilique que le bébé, le tout-petit puis le petit développe et enrichit les schémas neuronaux qui seront la base physiologique de son intelligence.

Le troisième atout, la disponibilité psychique, nous ramène à notre préoccupation, l'écoute. Pour apprendre, il importe d'avoir une énergie psychique globalement libre. Si vous êtes inquiet(e), préoccupé(e) au moment de lire ces lignes, serez-vous à même de « retenir » ce qui vous est proposé dans ces pages ? Certainement pas.

C'est précisément ce qui se passe pour l'enfant qui n'écoute pas en classe. La remarque « enfant ailleurs » de l'enseignant est, pour partie, vraie. Il est « ailleurs », son énergie psychique est mobilisée par autre chose. Ce quelque chose peut être conscient (le cadeau qu'il va avoir, celui qu'il a eu, la dispute familiale récente, une maladie...) mais c'est, le plus souvent, inconscient. Ce n'est pas alors un fait récent qui mobilise son attention mais des faits passés de son histoire. L'enfant serait bien incapable de dire lesquels parce qu'ils ne sont pas formulables verbalement. Ils se manifestent autrement, par le biais de l'inconscient : dans les actes manqués, les lapsus, les comportements, les rêves, les colères, les somatisations, etc.

Moins de désir... moins d'écoute

À l'école comme à la maison, la motivation, l'intérêt porté à la demande ont une incidence majeure sur la qualité de l'écoute. Quelques exemples ?

Lorsque, à la maison, on interpelle son enfant – très occupé dans sa chambre – pour évoquer, avec lui, la possibilité d'aller au zoo, au parc d'attractions ou au cinéma, il est rare qu'il ne réagisse pas rapidement en demandant des précisions sur le projet évoqué : où ? quand ? comment ? avec qui ? etc. La réponse à la sollicitation est immédiate. L'écoute est alors maximale. Pour une raison simple : à un plaisir immédiat (je joue), nous proposons de substituer un autre plaisir... Sommes-nous d'ailleurs, nous adultes, différents de l'enfant ? Certainement pas : occupés à une tâche agréable, nous la quittons immédiatement si, par un heureux hasard, une autre tâche plus agréable encore se présente à nous...

C'est parce que l'écoute m'apporte un plaisir, immédiat ou différé, que je vais prêter l'oreille à ce qui se dit, à ce qu'on me dit. De même, c'est parce que le fruit de l'écoute est intéressant que l'enfant écoute à l'école.

Quand il est en classe, l'intérêt qu'il porte à ce qui lui est proposé joue en effet sur la qualité de son écoute. Le petit garçon ou la petite fille dont la pulsion épistémophilique, la curiosité naturelle, a été normalement stimulée éprouve un intérêt à peu près égal pour tout ce que la classe lui propose. C'est le « tout l'intéresse » qui décrit le mieux ce cas de figure. À l'observation détaillée, on remarque en fait que « tout » ne l'intéresse pas de la même façon, mais, grosso modo, l'intérêt de cet enfant est globalement éveillé.

Souvent cependant, nous nous trouvons devant des enfants aux intérêts « électifs », c'est « il est plus maths que français... », ou vice versa. Ces intérêts peuvent, d'ailleurs, évoluer au cours de la scolarité. Comment l'expliquer ? Là encore, c'est d'abord le plaisir de la réussite facile qui est à l'origine de cet intérêt particulier : je réussis facilement dans cette discipline, mes résultats sont bons, je suis félicité, encouragé, gratifié, j'ai donc envie de recommencer... C'est le principe du « cercle vertueux » : il s'oppose au « cercle vicieux » qui s'installe face à « ce qu'on n'aime pas ». Je n'ai pas d'intérêt pour cette tâche, je m'y attelle à contrecœur ; de ce fait, je n'y mets pas toute mon énergie ; dès lors, le résultat est peu satisfaisant pour moi... et pour les autres. Je ne m'en réjouis pas et autrui pas davantage : je n'ai pas envie de m'y confronter de nouveau...

L'enfant normalement curieux peut-il, parfois, « décrocher » ? Oui, bien sûr. En particulier lorsqu'il est fatigué. Les fins de trimestre sont souvent difficiles, y compris pour celui ou celle qui a, en général, une bonne écoute. Souvenons-nous que cette fatigue peut être liée à l'hygiène de vie, à un travail intensif mais aussi à des soucis de croissance. Une pathologie et son décours peuvent également être à l'origine d'une certaine asthénie.

Ce « décrochage » peut être également dû à des facteurs environnementaux propres à la vie de l'enfant : séparation parentale, deuil, pathologie grave, etc. Dans ce cas, une partie de l'énergie physique et psychique du petit est mobilisée dans des processus adaptatifs ou défensifs qui lui permettent de faire face à la situation nouvelle. Dans cette hypothèse, et lorsque la cause est identifiée, il est préférable d'en parler à l'enseignant. Nul n'est besoin de décrire très précisément ce qui se passe, mais il peut être pertinent de lui dire que l'enfant, en ce moment, connaît quelques soucis. Cette information lui permettra de comprendre et de mieux appréhender la situation. Dans le cas contraire, il peut mal interpréter le fléchissement de son élève [1] et penser, par exemple, que sa pédagogie ou lui sont en cause, alors que le problème est ailleurs.

Ceux qui motivent

Parfois, c'est vrai, la baisse d'intérêt – et donc de l'écoute – pour la vie scolaire peut venir de l'enseignant ou de l'école elle-même. Il y a des enseignants que l'on n'a pas envie d'écouter, dont le discours est terne ou qui sont eux-mêmes fragiles. C'est une réalité heureusement rare, mais elle existe. Face à eux, ce sont les enfants les plus fragiles qui sont les plus pénalisés, les plus déstabilisés. Leur fragilité n'est pas prise en compte par le pédagogue, il n'est pas le tuteur, l'accompagnateur solide dont l'enfant affaibli a davantage besoin que ses pairs, mieux armés. Ces rencontres, enfant

1. Le malentendu trouve toujours son origine dans une communication défectueuse : le non-dit ou le « dit » chargé d'affects (angoisse, colère, agressivité) en sont souvent la cause.

fragile-enseignant fragile, peuvent se révéler très négatives, voire destructrices pour le plus jeune des deux.

Si cette situation se présente, si elle est avérée, il importe d'en parler, très vite, avec le directeur ou la directrice de l'école concernée. Peut-être faut-il envisager de changer de classe ? Si rien n'est possible au sein de l'établissement même, l'hypothèse d'un changement d'école n'est pas à exclure. L'important, dans cette situation, est d'être très attentif à ce qui se joue vraiment : il faut être sûr, en particulier, de la fragilité du pédagogue concerné. D'autres parents ont-ils constaté la même chose cette année ? les années précédentes ?

Il est nécessaire, aussi, de s'interroger sur la fragilité de son enfant afin d'être sûr de la pertinence de son intervention. Souvenons-nous qu'il ne sera très déstabilisé dans cette classe que s'il n'est pas, au préalable, suffisamment « armé » psychiquement.

En revanche, il existe des pédagogues très « motivants », de ces professeurs qui, par leur façon d'être, de dire, de transmettre, suscitent, d'emblée, l'attention de leurs élèves.

Ces enseignants parviennent à captiver l'intérêt de leurs interlocuteurs. Question de pédagogie ? Pas seulement. Cela dépasse, le plus souvent, le simple aspect méthodologique. Si l'on pouvait tracer le portrait-robot de ce maître ou de cette maîtresse captivant(e), ce serait, globalement, celui-ci :

– il (elle) dispose d'une autorité « naturelle ». Avec lui (elle), cette question ne se pose pas. Il (elle) ne passe pas son temps à gérer les problèmes de discipline dans sa classe. Celle-ci se met en place spontanément de par sa personnalité. On a vu que les atouts de cette autorité-là sont très personnels (confiance en soi, en l'autre, respect de soi, de l'autre, dialogue, mise en perspective...) et qu'elle sécurise l'enfant. Celui-ci, rassuré, n'a pas besoin de mettre en place des stratégies défensives ou adaptatives massives : son énergie est totalement disponible à l'écoute, à l'attention, à la concentration ;

– il (elle) aime son travail, la ou les disciplines qu'il (elle) enseigne. « Aimer son travail » se traduit en psychologie par le fait de prendre du plaisir à l'activité pratiquée. En pédagogie, à cette dimension doit s'ajouter le désir de partager ce plaisir, et le plaisir de l'enseignant(e) se trouve alors encore augmenté par le fait de le transmettre. C'est une notion très importante. Chacun(e) a pu a contrario rencontrer, ici ou là, tel ou tel enseignant apparemment très compétent dans sa discipline mais incapable ou peu soucieux de la communiquer. Le plaisir, alors, n'était pas partagé, ce qui est l'antithèse des objectifs premiers de la pédagogie. Avec un pédagogue qui aime partager, les enfants écoutent car, implicitement, inconsciemment, ils souhaitent, eux aussi, éprouver ce plaisir que l'autre ressent et exprime.

On retrouve ici l'écoute plaisir, indissociable de l'écoute attentive, celle qui génère, aussi, l'écoute obéissante.

Écoute et attention

Motivation, disponibilité psychique et potentialités intellectuelles sont donc les trois atouts nécessaires à la réussite scolaire. Et, chaque fois, l'écoute est concernée. L'« intérêt porté à... » ou l'« intérêt suscité par » sont essentiels à une bonne écoute car, chaque fois, la notion de plaisir lui est associée.

Maintenant, de quoi parle-t-on lorsqu'on évoque la disponibilité psychique à l'école ? Ce qu'il faut retenir, c'est qu'attention et concentration en sont les manifestations. Un enfant peu ou pas disponible sera peu ou pas attentif. Il sera peu ou pas capable de concentration. En revanche, celui ou celle qui est globalement disponible aura une attention – et, de ce fait, une écoute – correcte.

Mais qu'est-ce qui rend un enfant disponible... ou l'inverse ? Être disponible psychiquement, c'est avoir son énergie psychique libre. Libre de tout conflit interne. C'est l'« esprit libre » populaire. **C'est l'esprit exempt de tout souci majeur conscient et/ou inconscient présent et/ou passé**.

Les soucis conscients, on l'a maintes fois évoqué, sont, en général, faciles à cerner : ce sont les préoccupations majeures qu'un enfant peut être amené à rencontrer au cours de ses premières années. Sont exclues les petites péripéties que tout un chacun peut connaître au quotidien dans sa vie personnelle ou relationnelle. Une dispute n'est pas un souci ; une succession de disputes, répétées au quotidien, l'est. Une colère n'est pas un souci ; des colères à répétition le sont.

Toujours est-il qu'un incident mineur n'aura pas d'incidence sur l'attention du petit garçon ou de la petite fille. Une préoccupation majeure, si.

Plus difficiles à cerner sont les perturbations inconscientes. Pour la bonne et simple raison que les causes de celles-ci ne sont pas visibles au moment où elles produisent leurs effets.

Imaginons un enfant qui évolue dans un climat d'insécurité permanent ou, à tout le moins, trop fréquent. Il va s'adapter à cette situation en mettant en place des stratégies visant à se préserver au mieux. Ce peut être en n'arrêtant pas de bouger, en passant sans cesse d'une activité à une autre... Ce peut être, à l'inverse, en ne bougeant pas, en se gardant bien d'entreprendre quoi que ce soit : il finira, à terme, par ne plus s'intéresser à rien. À chaque situation pathologique, le petit s'adapte... sur un mode pathologique. Le problème, c'est que ce qui lui permet de survivre ici va le pénaliser là.

Ses processus adaptatifs : l'agitation, l'inhibition (ou autre) lui permettent de « faire avec » une situation déstabilisante. Mais toute son énergie psychique est mobilisée pour sa protection, elle est liée par cette défense. Elle n'est pas libre de s'investir ailleurs. Lorsqu'il se retrouve dans un contexte globalement normal, comme à l'école, il continue à fonctionner suivant le mode élaboré ailleurs.

Certains évoquent aussi chez certains enfants « la peur d'apprendre[1] », en suggérant que l'apprentissage déclenche, chez le petit, « des peurs perturbant l'organisation intellectuelle ».

Quelles que soient les théories et les causes, elles sous-tendent une résultante qui est la même : l'enfant n'est pas disponible psychiquement. Dès lors, il ne peut ni écouter ni être attentif. Même avec la meilleure volonté du monde, il ne peut pas se mobiliser. Peut-être le fera-t-il, au prix d'une énergie considérable, pendant quelques minutes et, de préférence, avec le soutien d'un accompagnateur rassurant, mais cela durera peu de temps. Seul, dans ce cas, un travail en profondeur, sur la distance, lui permettra de fonctionner différemment.

Les Canadiens parlent d'« enfant Teflon » pour évoquer ces personnalités sur lesquelles tout semble glisser. Confronté à un tel enfant, l'enseignant(e) s'interroge. Il est difficile, pour lui (elle), de le comprendre parce que, « apparemment », rien ne justifie une telle attitude. L'absence d'écoute continue en classe et celle de son symptôme, l'attention, doivent l'alerter car la seule réponse pédagogique, aussi performante soit-elle, ne sera pas suffisante.

On observe par ailleurs, parfois, des enfants qui « semblent être ailleurs » et qui, malgré tout, réussissent. Ceux-là

1. Serge Boimare, *L'Enfant et la peur d'apprendre*, Dunod, 2004.

peuvent-ils « faire deux choses à la fois » ? Peut-être. Il est plus vraisemblable, toutefois, que l'on soit trompé par leur attitude extérieure qui donne ce sentiment : l'attitude « intérieure » serait, elle, en réalité, tout autre. Ils sont plus « présents » qu'ils le paraissent.

L'écoute... en « dents de scie »

Au quotidien, très rares sont les enfants qui n'écoutent jamais. Y compris en classe. Ce qu'on observe le plus souvent, ce sont des enfants qui écoutent en discontinu : j'écoute, je n'écoute plus, j'écoute, je n'écoute plus. Avec, on s'en doute, des phases alternatives plus ou moins longues. C'est l'enfant perturbé par le moindre bruit extérieur à la classe... Bref, à la moindre distraction.

En général, ces enfants doivent faire un véritable effort pour écouter. Parfois, ils y parviennent. Parfois, non. Ce qui est certain, c'est qu'ils ne disposent pas d'une capacité « continue » à écouter, à être attentif. Ils écoutent « en dents de scie ». Plusieurs raisons peuvent être à l'origine de ce trouble :

– l'enfant peut avoir des intérêts différents de la classe. Les biographies ne manquent pas de ces exemples d'enfants rétifs à tout système scolaire et qui, ultérieurement, trouvent leurs moyens d'expression. Ce sont, le plus souvent d'ailleurs, des artistes : leur « mode de pensée » ne correspond pas aux demandes de l'école ;

– l'enfant peut avoir intériorisé ce fonctionnement de par son mode de vie. Son mode de relation, en famille en particulier, peut être identique. Tout se passe comme s'il ne connaissait pas un mode relationnel continu. Il s'agit plus, dans ce cas, d'un mode adaptatif à une façon d'être. La difficulté, ici, vient du fait que l'école, elle, attend de ceux qu'elle reçoit une disponibilité continue ;

– l'enfant peut ne pas être en « veilleuse d'écoute ». Dans cette hypothèse, son attention n'est pas mobilisable dans l'immédiat. Ainsi, lorsque l'enseignant s'adresse au groupe classe, la plupart des enfants captent, tout de suite, le message formulé car, précisément, ils sont en « veilleuse d'écoute ». Souvent, c'est le mode d'échange extrascolaire qui favorise cet état. À la maison, l'enfant en « veilleuse d'écoute » est davantage dans l'écoute plaisir que dans l'écoute contrainte. Dès lors, il est toujours, peu ou prou, attentif à ce que l'autre dit car cela peut se révéler, très vite, intéressant. En revanche, celui qui ne connaît que l'écoute contrainte (« Fais ceci ! », « Fais cela ! », « Arrête ! », « Range ! », « Ne fais pas de bruit ! ») finit par couper la communication. Lorsque l'autre parle, ce n'est jamais pour du plaisir, donc il ne l'écoute plus..., y compris en classe ;

– l'enfant est trop peu dans l'échange. C'est parfois le cas de ces petits dont les parents ou les nourrices sont peu communicants... ou trop peu présents. Il n'y a pas d'interactions a minima et l'enfant finit par s'installer dans son histoire à lui : l'histoire de l'autre et de ses demandes le concerne peu ;

– l'enfant peut être confronté à un faux dialogue. C'est l'échange où l'autre (la mère, le père) parle beaucoup et tout le temps. Cette logorrhée, souvent symptomatique d'une grande angoisse, ne lui permet pas de s'exprimer : face à cela, il ne peut que « couper la communication ». Dans le cas contraire, il courrait le risque de se laisser envahir par l'angoisse de l'autre.

Écoute et mémoire

Faut-il préciser que des troubles de l'écoute et de l'attention trop importants ont une incidence sur la mémoire ? Ou, plus précisément, sur la capacité à capitaliser les savoirs ?

Pour mémoriser, comme pour être attentif, comme pour écouter, il importe d'être globalement réceptif psychiquement. Celui ou celle qui ne l'est pas aura les plus grandes difficultés à capter le message, qu'il soit auditif ou visuel.

L'un des exemples les plus troublants peut être donné par l'enfant qui « sait » sa leçon à la maison et qui, le lendemain, ne la « sait plus » en classe. D'où, on l'a déjà noté, quelques malentendus possibles. L'enseignant peut croire que son élève ne travaille pas à la maison... au grand dam du parent qui, lui, a bel et bien fait étudier son enfant.

Au vrai, que se passe-t-il ? À la maison, avec le parent, l'écolier(e) « sait » sa leçon. Très souvent, cela n'a pas été sans mal car on est ici dans le cas de figure où l'épisode des devoirs est régulièrement douloureux. Il a fallu répéter, insister, patienter... mais, quoi qu'il en soit, après beaucoup d'énervement et de temps, c'est fait, la leçon a été apprise. Le problème est que ce savoir se révèle très superficiel : il ne s'est pas construit sur un terrain serein et/ou motivé. Il est quasiment aussi vite oublié qu'appris. Le lendemain, à l'école, la restitution, si elle existe, est déplorable.

Ce qui se passe pour la mémoire immédiate se révèle tout aussi vrai pour la mémoire à moyen et à long terme : celle-ci ne peut être performante que sur un terrain globalement disponible. En outre, dans ce dernier cas de figure, la notion de sérénité dans le temps est importante.

Une autre éventualité peut se présenter. C'est celle du petit garçon ou de la petite fille peu sûr(e) de lui (d'elle)[1]. À la maison, avec maman ou papa, parfaitement sécurisé, la mémorisation peut se faire sans difficultés. En revanche, en classe, au milieu d'un groupe impressionnant d'élèves et sous l'œil attentif d'un maître, il en est tout autrement : l'insécurité est génératrice d'angoisse et, ce faisant, il ne peut y avoir une restitution correcte. Une fois encore, l'apprentissage est troublé par un psychisme non serein.

Quand ça ne va plus... au collège

L'adolescence est une période troublée. La remise en cause des repères familiaux, la recherche de repères extérieurs mettent l'adolescent(e) dans une situation d'« entre-deux » anxiogène. Car l'anxiété, l'angoisse naissent de l'insécurité, du doute, de l'incertitude, de l'interrogation.

L'adolescence est, de ce fait, une période normalement anxiogène. Pour la plupart des garçons et des filles, cette anxiété normale ne les pénalise pas outre mesure : elle est à l'origine de plus de susceptibilité, davantage d'irritabilité, d'un peu plus d'agressivité ou de repli sur soi... Dans la majeure partie des cas, ces symptômes apparaissent à minima et, s'ils brouillent de temps à autre la relation, ils sont des épisodes normaux d'une phase de développement particulière.

C'est l'intensité, la répétitivité et l'ampleur d'un et, a fortiori, de plusieurs symptômes qui doivent alerter. De la même façon qu'un éternuement ou une poussée de fièvre ne sont pas une grippe, un mouvement d'humeur, une colère n'indiquent pas un trouble psychologique grave.

L'anxiété propre à cette période nuit cependant à la séré-

1. On parle, aussi, d'« estime de soi ».

nité psychique du jeune homme ou de la jeune fille ; dès lors, l'écoute peut être perturbée, l'attention peut fléchir... et les résultats scolaires aussi. Il n'est pas rare d'observer, chez un enfant jusque-là sans problème, une baisse de rendement scolaire. Cela se joue, en général, sur une année. Ce peut être en sixième, en cinquième, en quatrième ou un peu plus tard...

Que se passe-t-il ? Ce fléchissement peut avoir plusieurs causes possibles. Il peut être dû :

– à des problèmes d'origine organique. Physiologiquement, l'adolescence est une période de grands réaménagements, de forte croissance. L'énergie que ces changements demandent est énorme : elle peut, à certains moments, être à l'origine d'une grande fatigue. On sait que l'évolution globalement harmonieuse demande un équilibre relatif entre physique et psychisme. L'affaiblissement de l'un induit l'affaiblissement de l'autre... et vice versa. Par ailleurs, l'état de santé général au moment de la survenue du trouble a une incidence sur la capacité à l'affronter et à le surmonter... La négociation d'un stade de développement est d'autant moins douloureuse que les stades antérieurs ont été plutôt bien négociés ;

– à des problèmes psychologiques inhérents à cette tranche d'âge : l'anxiété normale induite par cette période peut être, à certains moments, amplifiée. Et ce, pour des raisons diverses. L'adolescent, comme l'enfant, comme l'adulte, ne peut s'investir de façon satisfaisante dans des activités scolaires que s'il dispose d'une réserve d'énergie psychique suffisante. Si celle-ci est mobilisée par la gestion d'autres conflits conscients et/ou inconscients, ses performances seront moindres.

Ce qu'il importe de retenir, c'est qu'un fléchissement des résultats scolaires ne préjuge pas, forcément, de la suite de son cursus. Ce peut n'être qu'un épisode. Il est nécessaire d'en évaluer la portée et de se pencher sur les causes de cette phase difficile. Est-ce un malaise personnel ? un trouble relationnel ? Avec qui ? Pourquoi ?

Ce dont a besoin votre enfant, à ce moment-là, c'est de votre écoute, à vous, bienveillante... même s'il (elle) verbalise son rejet : « Fiche-moi la paix ! », « Tu ne m'as jamais compris(e) ! », etc.

Il ne s'agit pas de le (la) harceler de votre aide... mais bien d'être présent dans les petits moments où il (elle) demandera votre soutien. Quelquefois, les paroles ne sont pas nécessaires. Elles ne doivent en aucun cas être imposées. Il suffit, souvent, d'être là... Votre garçon ou votre fille doit savoir – comme lorsqu'il (elle) était petit(e) – qu'il (elle) peut compter sur vous... même si, la plupart du temps, il (elle) répète le contraire.

Ce qu'on observe, dans une période d'évolution, c'est que l'angoisse qu'elle génère a besoin, de temps à autre, de phases de régression. La régression, c'est le retour à une base de sécurité antérieure, qui permet de « reprendre des forces psychiques »... pour pouvoir continuer à avancer. Dans les moments plus délicats, il ne faut pas hésiter à se servir de médiateurs, d'appuis extérieurs : ce peut être le médecin de famille, un psy (psychologue ou psychiatre) ou, pourquoi pas ? ce professeur qu'il (elle) admire tant.

En cas de trouble scolaire avéré, qu'il s'agisse de l'enfant ou de l'adolescent, le premier partenaire sur lequel s'appuyer est en effet... l'enseignant. D'autant que, de son côté, il est aussi perplexe que vous. Il s'interroge sur lui, sur sa pédagogie, sur votre enfant. Cette collaboration permettra de vous rassurer mutuellement. Vous ne serez pas seul(e)... et il ne le sera pas. La présence du psy ne sera nécessaire que si la situation est chargée de trop d'angoisse, de tension, d'agressivité.

Dans ce duo ou ce trio, se trouve l'enfant. Il est bien évidemment le partenaire central. Même s'il n'est pas forcément présent à la ou aux rencontres, il doit savoir l'objectif de ce qui se fait : trouver des solutions possibles à un mieux-être, pour lui d'abord, pour tous ensuite. Cette clarté est essentielle au climat de confiance qui doit précéder toute démarche. La confiance mutuelle est génératrice de sérénité. Une sérénité nécessaire à une évolution positive.

10

Évaluer et gérer les troubles

Dans les pages qui précèdent, nous avons déjà abordé plusieurs approches possibles dans le but d'établir ou de rétablir une bonne écoute au quotidien. Mais, pour le parent, il n'est pas toujours aisé de distinguer à quel moment un trouble cesse d'être banal ou ponctuel, quand il faut commencer à s'inquiéter et à s'interroger sur la nécessité de faire appel à une aide extérieure.

L'approche diagnostique

La première chose à faire, en cas d'écoute perturbée, est d'établir un diagnostic correct. Sans cette précaution, il est probable qu'il n'y aura pas d'amélioration. L'approche psychologique, comme l'approche médicale, pour être efficace, doit passer par ce préalable.

□ Le recours à l'orthophoniste

Le diagnostic doit impérativement, on l'a dit, commencer par un bilan ORL, surtout si votre enfant est petit. Entend-il bien ? Entend-il tous les sons ? toutes les fréquences ? A-t-il toujours bien entendu ? N'a-t-il pas eu de maladies à risques dans ce domaine ? S'il y a, ou s'il y a eu, déficit auditif (après des otites à répétition, par exemple), le médecin peut imposer une rééducation : les orthophonistes ont été formés spécifiquement dans ce sens et seront les plus concernés. Par ailleurs, après la guérison d'une otite séreuse, il n'y a pas obligatoirement orthophonie dès lors que l'enfant a récupéré son acuité auditive.

Toute aide rééducative concernant l'enfant ne peut se faire sans la participation de l'intéressé, bien sûr, mais aussi de son ou de ses parents (voire parfois, aussi, de son enseignant). La seule rééducation orthophonique, si parfaite soit-elle, ne peut apporter une réponse définitive à des troubles du langage importants. La relation familiale permet une diversité, une multiplicité de situations langagières que ne peut pas la rééducation. Françoise Dolto affirmait que « tout est langage », on peut dire aussi que toute situation est génératrice de langage. Voir un pigeon sur un livre, dans un bureau, à côté d'un professionnel est une belle et bonne chose mais ce n'est jamais aussi bien que de l'observer dans la rue, avec son ou ses parents qui le montrent du doigt en disant : « Regarde le joli pigeon ! »

L'enfant prononce mal un mot ? Le parent le reprendra, non pas en lui disant : « Recommence ! » ou : « Non, ce n'est pas comme ça qu'il faut dire... », mais tout simplement en le répétant. Lui demander de le dire et de le redire « correctement » sera peut-être efficace, du moins sur le moment, mais cela éteindra le plaisir de la communication. C'est, avant tout, l'envie et le désir d'échanger qu'il faut préserver. Encore une fois, lorsqu'on est parent, il faut savoir être patient...

□ Des signes à interpréter

L'approche diagnostique doit se compléter par la question : est-ce transitoire ? est-ce un phénomène récent ? Lorsque les symptômes viennent d'apparaître, les premiers éléments à cerner sont, de nouveau, physiologiques.

On l'a dit, la fatigue est la cause la plus fréquente d'une écoute ponctuellement difficile. Les fins de journée sont toujours plus sensibles, par exemple, pour cette raison. Reste cependant à en déterminer les causes : chez un enfant en bonne santé, un sommeil perturbé par des rythmes peu reposants, une alimentation pauvre ou anarchique, une surcharge d'activités scolaires ou parascolaires, trop de bruit, de tensions... sont les plus fréquentes.

Il faut revenir ici sur le phénomène des « poussées de croissance », qui n'est pas seulement fatigant, mais générateur d'angoisses endogènes. Ce terme signifie que les causes en sont uniquement internes. Elles sont provoquées par un décalage entre sa croissance physiologique et psychologique. L'adolescence est très caractéristique de cet état, mais ce type d'angoisse apparaît lors de phases antérieures, de façon moins voyante, certes, et moins violente, mais très réelle. Plus angoissé, l'enfant sera moins réceptif...

Cette situation est fréquente et peut être source de malentendus car l'enfant n'a aucune raison « objective » d'aller mal et même il paraît être en forme. Il faut donc être attentif aux signes qui peuvent signaler ce mal-être indépendant de toute cause extérieure. Le plus évident est un désinvestissement plus ou moins important de ses activités habituelles : il délaisse ses jeux ou jouets habituels, semble « tourner en rond », prétend « s'ennuyer » ; à l'école, son instituteur ou institutrice signale parfois qu'il est moins attentif, moins concentré.

L'enfant peut aussi se montrer plus « physique ». Tout se passe comme si le corps avait besoin de bouger, d'expérimenter pour être ensuite, à l'inverse, dans le repli. Il oscille ainsi entre des périodes de grande agitation et des arrêts brutaux où il s'allonge, suce son pouce, reprend son objet transitionnel. Ces phases de régression lui sont nécessaires car elles lui permettent de retrouver, inconsciemment, un bien-être antérieur qui le régénère physiquement et psychiquement. En quelque sorte, il « recharge ses batteries ».

Il s'agit donc en fait des mêmes symptômes que ceux que nous retrouvons en cas d'angoisses exogènes, ou liées à des causes extérieures, mais ce qui est désarmant ici, c'est précisément qu'on ne décèle aucune cause apparente.

Évidemment, un autre symptôme est qu'il n'écoute plus ou nettement moins bien. Mais le repérage des indices décrits ci-dessus permet d'aborder cette difficulté plus sereinement, d'y adapter ses réactions. Car il suffit là d'être patient : cette phase ne dure pas. En quelques jours, deux, trois ou quatre semaines, elle est terminée, et l'enfant retrouve ses jeux, ses activités et son attention... En attendant, on n'insistera pas sur son ennui, sur son désœuvrement, et ses réactions intempestives. On lui proposera d'autres jeux, éventuellement on l'y accompagnera. Et s'il régresse, on le laissera. Une régression transitoire peut être très utile à une évolution future. Il ou elle en a momentanément besoin : n'avons-nous pas nous aussi besoin, à certains moments, d'instants de pause, de retours en arrière ? Il faut surtout éviter de répondre à ses angoisses par les nôtres... ce qui ne ferait qu'augmenter les siennes.

L'aide d'un professionnel

Lorsque l'approche diagnostique a écarté un problème physiologique, ou psychologiquement transitoire, le cas de l'enfant qui n'écoute pas est plus complexe : que peut-on faire ?

Soyons clair : si, depuis le début, vous ne parvenez pas, seul(e) avec votre enfant, à vous faire entendre, il sera sans doute difficile de rétablir une écoute qui n'a jamais eu lieu. Dans ce cas, il ne sera pas inutile de se faire éclairer et accompagner par un professionnel. Pourquoi ? Parce que, trop impliqués affectivement dans la situation, les parents ne peuvent avoir le recul, la distanciation intellectuelle nécessaire à une évolution. L'affect prend toujours, on l'a dit, dans tous les cas de figure, le pas sur l'intellect et ce, quelle que soit la volonté de l'individu. On ne peut être dans le problème et en dehors.

Le mieux est de vous déculpabiliser – rappelez-vous que l'on ne peut faire qu'avec ce qu'on a reçu – et de pousser la porte de celui ou celle qui pourra voir où vous en êtes et vous aider.

□ Qui choisir ?

Le terme de psychothérapeute désigne tout professionnel du psychisme qui peut vous apporter son aide :

– le psychiatre est un médecin spécialisé dans les troubles psychiques et/ou psychiatriques ;

– le pédopsychiatre est un médecin spécialiste de l'enfant : il peut prescrire des médicaments et/ou proposer une psychothérapie ;

– le psychologue, en général spécialisé dans tel ou tel domaine, a reçu une formation universitaire : n'étant pas médecin, il ne peut pas prescrire de médicaments, mais il peut apporter son aide via un accompagnement ou une thérapie ; dans le cadre de l'école, le psychologue scolaire peut faire un bilan, indiquer une approche thérapeutique et/ou pédagogique ;

– le psychanalyste a suivi une analyse, et son aide s'effectuera par le biais d'une psychanalyse ; il peut être parallèlement psychiatre ou psychologue.

Un psychiatre ou un pédopsychiatre, s'ils sont conventionnés, peuvent être remboursés par la Sécurité sociale.

Chacun d'entre eux peut vous proposer une thérapie différente. Il n'y a pas dans ce cas de méthode thérapeutique meilleure que les autres. Ce sera à vous de choisir celle qui vous convient le mieux. Comment le savoir ? En demandant au professionnel de vous expliquer le projet qu'il propose de mettre en œuvre. La ou les premières séances permettront ensuite d'y voir plus clair. Gardez à l'esprit que toute difficulté ne suscite pas forcément une prise en charge longue : la durée de l'aide est, d'une façon générale, fonction de la gravité du problème. Avec les enfants, cela peut aller très vite.

Plus que la méthode, ce qui importe avant tout, c'est d'être en confiance avec celui que vous aurez choisi. Tel thérapeute très efficace avec cette personne ne conviendra pas à cette autre. Pourquoi ? Parce que ses propres angoisses entreront en résonance avec celles de ce patient-là... et pas avec celles de celui-ci.

Le thérapeute pourra d'ailleurs lui-même vous aider en vous disant s'il peut, ou non, vous apporter une réponse. En psychologie, comme en médecine, le patient choisit son thérapeute... mais le thérapeute choisit, peu ou prou, son patient...

□ Du normal au pathologique

« L'attitude de mon enfant est-elle normale ? » Voilà une question que le spécialiste entend souvent... et légitimement. En effet, le parent, même s'il a cinq ou six enfants, a peu de points de comparaison.

Pour le professionnel, confronté à des centaines d'enfants, la réponse est plus simple, car le normal et le pathologique ne peuvent d'abord s'apprécier qu'en termes statistiques. Le normal, c'est l'ensemble des sentiments, des attitudes, des comportements que vit la majeure partie des individus à un moment donné, dans une socioculture particulière. Ainsi, certains comportements ou attitudes aujourd'hui considérés comme banals ici et maintenant ne l'étaient pas il y a quelques années ou ne le sont pas ailleurs sur la planète.

Peut être alors considéré comme anormal ce qui est en dehors de cet ensemble statistique. Mais l'anormalité est-elle pour autant pathologique ? Pas forcément. Tel individu peut vivre très différemment de ses congénères et être « normal ». La notion de pathologie s'accompagne toujours de celle de souffrance vraie ou réelle pour soi et/ou pour les autres, qu'elle soit continue, comme chez le dépressif, ou discontinue, comme chez le névrosé phobique qui se sent bien tant qu'il n'est pas confronté à ce qui constitue sa névrose.

Comment évaluer la difficulté de son enfant ? C'est d'abord la fréquence, la répétitivité, l'intensité d'un symptôme qui doit alerter. De la même façon qu'un ou deux éternuements ne révèlent pas une grippe, une ou deux colères n'induisent pas un problème comportemental. En revanche, des colères systématiques, régulières méritent qu'on s'y attarde, car leur accumulation a pour l'enfant un aspect pénalisant. C'est cela qui mérite consultation.

□ Quels effets attendre d'une thérapie ?

Il faut savoir d'emblée qu'il n'y a pas de recettes miracles. Chaque histoire est trop personnelle pour qu'on puisse forcément prédire son dénouement.

Il faut savoir aussi que, quelle que soit l'approche thérapeutique choisie, elle demandera un temps de mise en place avant que ses effets positifs soient observables. Ce qui ne s'est pas fait pendant des années ne se défera pas en quelques jours, il vous faudra un peu de patience, d'humilité.

Vous risquez de rencontrer des moments de grâce où vous considérerez que vos efforts ne sont pas vains et d'autres où vous affirmerez tout aussi convaincu(e) qu'ils ne servent à rien...

Au vrai, toute démarche visant à une amélioration a, toujours, un impact positif ; simplement, il n'est pas forcément spectaculaire (il ne l'est pas souvent), et il n'est pas systématiquement « mesurable ». L'attention portée par un adulte à un enfant dont le comportement révèle en fait un rapport au monde difficile est précieuse. La relation thérapeutique est fondée essentiellement sur ce principe fondamental : je ne peux retrouver un certain bien-être, un certain plaisir à la vie en société que si quelqu'un m'aide, par son regard, sa parole, sa bienveillance à y trouver ma place. Tout ce qui sera entrepris dans le sens du rétablissement d'une relation d'écoute aura forcément un impact a minima. Ne serait-ce que parce qu'il va servir à réfléchir et à travailler sur ce qui se joue au niveau inconscient.

Conclusion

Mais pourquoi faut-il lui répéter cent fois la même chose ? On le sait désormais : parce qu'il est difficile pour l'enfant de passer du principe du plaisir qu'il est en train de prendre au principe de la réalité qu'on lui impose. Écouter, c'est renoncer à ce plaisir immédiat pour accéder à un plaisir différent... mais différé, abstrait, hypothétique.

L'écoute obéissante, puisque c'est d'elle qu'il s'agit essentiellement dans ces lignes, n'est pas « naturelle ». Elle est contraignante. Elle demande donc un apprentissage, et des atouts qui se vivent autant (sinon plus) qu'ils s'apprennent : capacité à anticiper, prise de conscience de l'autre...

Même si elle est efficace, la contrainte physique est à exclure car ses risques ne sont pas sans conséquences. L'apprentissage par le dialogue, l'exemple sont, de loin, préférables parce qu'ils participent à une intériorisation plus vraie. Nous avons observé qu'on ne peut exiger le respect d'un enfant si on ne le respecte pas, et surtout qu'une écoute obéissante ne se révèle possible et efficace que si elle s'accompagne, aussi, d'une écoute-plaisir. L'enfant à qui on ne parle que pour lui demander un service ou lui intimer un ordre finit, peu ou prou, par ne plus entendre. Il coupe une communication qui n'est que contraignante. En revanche, lorsqu'il a d'autres échanges, utiles ou plaisants, il restera en « veilleuse d'écoute »... parce qu'être attentif vaudra alors vraiment la peine.

Nous avons noté aussi toute l'importance de l'inconscient dans l'écoute. Il est clair que nous écoutons nos enfants à travers le prisme de notre propre histoire. Le parent qui, petit, n'a pas été écouté, n'a pas eu de modèle satisfaisant sous les yeux. Plus tard, il sera obligé d'inventer son rôle de parent s'il veut éviter de répéter une histoire identique mais il peut, aussi, prendre le contre-pied systématique de ce qui l'a fait souffrir et, de ce fait, entrer dans un processus extrême inverse...

En conclusion, nous pouvons dire qu'il y a plusieurs « types » d'écoute :

– **l'écoute-plaisir :** c'est celle que tout enfant ressent lorsqu'il est dans un échange qui lui apporte de la satisfaction. Ce peut être l'écoute d'une histoire lue, d'une chanson fredonnée. Ce peut être, simplement, un échange au cours d'un repas, en voiture, lors d'une promenade, au moment du coucher... ;

– **l'écoute obéissante :** elle voit l'enfant dans l'obligation progressive d'accepter les règles de la vie familiale et de la vie sociale. C'est elle que demandent les parents puis l'école puis, enfin, la société dans son ensemble. Elle s'accompagne, forcément, d'une frustration nécessaire : celle de quitter la tâche plaisante à laquelle on est occupé pour passer à une autre, en général moins agréable. La mise en œuvre de ce type d'écoute se fait progressivement, au cours du développement du tout-petit puis du petit. Nous avons noté dans ces pages les moments difficiles et les diverses possibilités de les négocier. Cette écoute obéissante pose, forcément, la question de l'autorité. Il en a été longuement question dans ce livre. De quelle autorité parle-t-on ? Comment la mettre en œuvre ? Y a-t-il une autorité naturelle ?

– **l'écoute « attentive » :** c'est l'écoute exigée majoritairement par l'école. Elle demande à l'enfant une disponibilité d'écoute globalement constante et efficace. Cette écoute est nécessaire à la mémorisation, à la capitalisation, à la sédimentation des apprentissages. L'enfant « en veilleuse d'écoute » capte tous les messages de l'enseignant et les fait siens ;

– **l'écoute déficiente :** elle peut avoir des causes diverses. L'écoute peut avoir été coupée ou être inexistante au cours des premières années, l'enfant s'est alors adapté. « Habitué » à ne pas échanger, à ne pas écouter, il continue à le faire alors qu'il en a un besoin urgent pour apprendre. Apprendre à l'école, apprendre les règles, apprendre l'autre... Elle peut être aussi déficiente par absence d'écoute-plaisir, d'échanges, de dialogues satisfaisants. Elle ne sera alors rétablie qu'à la condition expresse de retrouver une écoute-plaisir minimale. Si, petit enfant, je n'ai pas été écouté, j'aurai du mal à écouter mon enfant. Si je ne l'écoute pas, il aura du mal à m'écouter.

Quel est le degré de répétition acceptable pour que l'enfant obéisse : un, deux, trois, cinq, dix fois ? Il semble bien que cela dépende du plaisir immédiat auquel est occupé l'enfant et du principe de réalité auquel on lui demande d'accéder : il est clair que si cette réalité correspond à un autre plaisir clairement identifié par l'enfant (fête, achat de jouet, etc.), cela se fera avec une rapidité dont personne ne se plaindra. Il semble bien aussi qu'il faille accepter cette répétition comme un espace de transition pendant lequel il va faire son deuil, progressivement, du plaisir immédiat auquel il souscrit. L'apprentissage des règles, de leur écoute, est un apprentissage long. Est-il jamais, vraiment, terminé ? Ce que l'on peut espérer, pour nos enfants, c'est que, comme nous, ils les respectent globalement le plus souvent possible, car de l'intégration des règles dépendent une vie personnelle, une vie familiale et une vie sociale acceptables.

Remerciements

L'auteur remercie le docteur Christiane Doubovy pour sa collaboration patiente et éclairée... et tous les parents et les enfants qui lui ont tant appris.

Si vous voulez en savoir plus sur l'auteur, vous pouvez consulter son site à l'adresse http://jl.aubert.free.fr.

Table

DU MÊME AUTEUR

Intelligent mais peut mieux faire,
Albin Michel, 1999

La Violence dans l'école,
Odile Jacob, 2000

Quels repères donner à nos enfants dans un monde déboussolé ?,
Albin Michel, 1997

Du berceau à l'école, Les chemins de la réussite,
Albin Michel, 1995

Si l'huile flotte sur l'eau, c'est pour apprendre à nager,
Critérion, 1994

Maman, j'ai peur !,
Félin, 1991 ; rééd. J'ai lu, 2002

DANS LA MÊME COLLECTION

Intelligent mais peut mieux faire
Jean-Luc AUBERT

Quels repères donner à nos enfants dans un monde déboussolé ?
Jean-Luc AUBERT

Du berceau à l'école – Les chemins de la réussite
Jean-Luc AUBERT

Mes parents se séparent – Je me sens perdu
Maurice BERGER et Isabelle GRAVILLON

Sectes, gourous, etc. – Éviter aux ados de se laisser piéger
Dominique BITON

Petite terreur ou souffre-douleur – La violence dans la vie de l'enfant
Stéphane BOURCET et Yves TYRODE

Petits tracas et gros soucis de 1 à 7 ans – Quoi dire, quoi faire
Christine BRUNET et Anne-Cécile SARFATI

Petits tracas et gros soucis de 8 à 12 ans – Quoi dire, quoi faire
Christine BRUNET et Anne-Cécile SARFATI

Une famille, ça s'invente – Les atouts des parents, les atouts des enfants
Hélène BRUNSCHWIG

Papa, Maman, laissez-moi le temps de rêver !
Etty BUZYN

Me débrouiller, oui, mais pas tout seul !
Etty BUZYN

La Mort pour de faux et la Mort pour de vrai
Dana CASTRO

Ça va pas fort à la maison – L'enfant et les soucis des grands
Dana CASTRO

Qui lit petit lit toute la vie
Rolande CAUSSE

Il a du mal à l'école – Un peu, beaucoup, trop... comment l'aider
Brigitte CHEVALIER

Il a du mal au collège – Comment l'aider
Brigitte CHEVALIER

Petit manuel à l'usage des grands-parents qui prennent leur rôle à cœur
Étienne CHOPPY et Hélène LOTTHÉ-COVO

Séparons-nous... mais protégeons nos enfants
Stéphane CLERGET

Vos enfants ne sont pas des grandes personnes
Béatrice COPPER-ROYER

Peur du loup, peur de tout – Petites peurs, angoisses, phobies de l'enfant et de l'adolescent
Béatrice COPPER-ROYER

Doué, surdoué, précoce – L'enfant prometteur et l'école
Sophie CÔTE

Psy ou pas psy ? – Quand et qui consulter
Dr Patrick DELAROCHE

Adolescence à problèmes – Comprendre vos enfants pour les aider
Dr Patrick DELAROCHE

Doit-on céder aux adolescents ?
Dr Patrick DELAROCHE

Parents, osez dire non !
Dr Patrick DELAROCHE

Oser être mère au foyer
Marie-Pascale DELPLANCQ-NOBÉCOURT

Parents de cœur – Comprendre l'enfant adopté
Sherrie ELDRIDGE

Blessures d'enfance – Les dire, les comprendre, les dépasser
Nicole FABRE

J'aime pas me séparer – Toutes les séparations dans la vie de l'enfant
Nicole FABRE

Le Dieu de l'enfant – Il n'est pas celui qu'on croit
Nicole FABRE

Amour, enfant, boulot... comment sortir la tête de l'eau
Anne GATECEL et Carole RENUCCI

Le baby-clash – Le couple à l'épreuve de l'enfant
Bernard GEBEROWICZ et Colette BARROUX

Les mères qui travaillent sont-elles coupables ?
Sylviane GIAMPINO

Il était une fois le bon Dieu, le Père Noël et les fées – L'enfant et la croyance
Dominique GOBERT

Papa, Maman, on m'a traité de gros
Élisabeth LESNE

Tracas d'ados, soucis de parents
Pr Daniel MARCELLI et Guillemette de LA BORIE

Tu ne seras pas accro, mon fils ! – Peut-on éviter à nos enfants de devenir dépendants ?
Dr Jean-Claude MATYSIAK

Mon enfant me dévore
Lyliane NEMET-PIER

L'Enfant unique – Atouts et pièges
Carl E. PICKHARDT

J'suis pas motivé, je ne fais pas exprès
Brigitte PROT

Papa, Maman, j'y arriverai jamais ! – Comment l'estime de soi vient à l'enfant
Emmanuelle RIGON

J'ose pas, je suis trop timide – S'affirmer est un jeu d'enfant
Emmanuelle RIGON

Pourquoi pleurent-ils ? – Comprendre le développement de l'enfant, de la naissance à 1 an
Hetty van de RIJT et Frans X. PLOOIJ

Aidez-moi à trouver mes marques ! – Les repères du tout-petit
Michael ROHR

Toutes les questions que vous vous posez sur l'école maternelle
Nicole du SAUSSOIS

Les Risques de l'adolescence
Gérard SÉVÉRIN

Crèches, nounous et Cie – Modes de garde, mode d'emploi
Anne WAGNER et Jacqueline TARKIEL

Hors collection

Petites histoires pour devenir grand – À lire le soir pour aborder avec l'enfant ses peurs, ses tracas, ses questions
Sophie CARQUAIN

Petites histoires pour devenir grand 2 – Des contes pour leur apprendre à bien s'occuper d'eux
Sophie CARQUAIN

Composition IGS
Impression CPI Firmin Didot en mars 2011
Éditions Albin Michel
22, rue Huyghens, 75014 Paris
www.albin-michel.fr

ISBN : 978-2-226-16907-5
ISNN : 1275-4390
N° d'édition : 13282/04– N° d'impression : 104344
Dépôt légal : septembre 2006
Imprimé en France